o mistério do reino de Deus

MARCOS ALEXANDRE OLIVEIRA

O mistério do reino de Deus

Ágape

São Paulo, 2015

GERENTE EDITORIAL
Lindsay Gois

AQUISIÇÕES
Cleber Vasconcelos

EDITORIAL
João Paulo Putini
Nair Ferraz
Rebeca Lacerda
Vitor Donofrio

PREPARAÇÃO
Patrícia Murari

REVISÃO
Vânia Valente

CAPA
Dimitry Uziel

DIAGRAMAÇÃO
Rebeca Lacerda

Todas as citações bíblicas foram extraídas da *Bíblia Sagrada Almeida Revista e Atualizada*. Edição da Sociedade Bíblica do Brasil.

Texto de acordo com as normas do Novo Acordo Ortográfico da Língua Portuguesa (1990), em vigor desde 1º de janeiro de 2009.

Dados Internacionais de Catalogação na Publicação (CIP)
(Câmara Brasileira do Livro, SP, Brasil)

Oliveira, Marcos Alexandre
O mistério de reino de Deus / Marcos Alexandre Oliveira. --
Barueri, SP: Editora Ágape, 2015.

1. Bíblia - Crítica e interpretação 2. Pregação - Ensino bíblico
3. Reino de Deus - Ensino bíblico I. Título.

15-08242 CDD-231.72

Índice para catálogo sistemático:
Reino de Deus : Ensino bíblico : Religião cristã 231.72

EDITORA ÁGAPE LTDA.
Alameda Araguaia, 2190 – Bloco A – 11º andar – Conjunto 1112
CEP 06455-000 – Alphaville Industrial, Barueri – SP – Brasil
Tel.: (11) 3699-7107 | Fax: (11) 3699-7323
www.editoraagape.com.br | atendimento@agape.com.br

AGRADECIMENTOS

Ninguém faz nada sozinho; nenhum servo é tão dotado que não precise de outros para realizar a obra de seu Senhor. Ao escrever esta folha de agradecimentos, fiquei deslumbrado com a maestria de Deus na construção da estrada que culminaria na conclusão desta obra. As pessoas certas, no momento certo, foram postas no meu caminho, a fim de contribuírem, em maior ou menor medida, para esta grande revelação, cuja autoria e posse não pertencem a nenhum de nós, mas a Deus.

Como não poderia ser diferente, em primeiro lugar agradeço a Deus pela realização deste sonho. Depois de trinta e dois anos o perseguindo, finalmente o alcancei! "Deus trabalha para aquele que nele espera" (Isaías 64:4).

Manifesto minha sincera gratidão ao amigo Augusto Câncio, com quem já compartilhei muitos mistérios da Palavra de Deus. Numa tarde de domingo, guiado pelo Espírito Santo, ele veio visitar-me, trazendo-me uma nova interpretação à passagem da conversa de Jesus com Nicodemos. Foi a partir dessa perspectiva que Deus conduziu-me ao entendimento de uma nova visão do reino.

Agradeço ao meu estimado amigo, pastor Júlio Martins, da Comunidade Vida de Brasília. Foi o seu muito honroso convite para ministrar um seminário em sua igreja, que me estimulou a colocar no papel as ideias já trabalhadas por Deus sobre o mistério do reino.

Cito, com muita consideração, a colaboração de alguém que Deus usou de forma muito importante; alguém que reconheceu Sua voz e que, por conta disso, disponibilizou-me o recurso necessário à organização e à elaboração deste trabalho. Luis Felipe, muito obrigado!

Faço menção especial de agradecimento à minha esposa, Sônia. Não só por compreender a necessidade de estar ausente durante a preparação deste livro, mas, sobretudo pelo apoio, incentivo e palavras de vigor nas várias ocasiões em que me deparei com pedras no caminho.

PREFÁCIO

Em 1986 eu tive a grata satisfação de conhecer o Pr. Marcos Alexandre. Naquele momento, ainda diácono, pude reconhecer nele um genuíno seguidor das pegadas de Cristo.

Nesse seu primeiro livro ele esclarece de maneira inequívoca que, não basta ver o "reino de Deus", mas é preciso marchar em direção a ele, e isso da única maneira possível: deixando com que o senhorio de Cristo nos domine.

A abordagem precisa com que trata a necessidade de uma espiritualidade interna verdadeira, em contraposição a um cristianismo de aparências que tanto estamos acostumados e nos dá o falso conforto de que tudo está bem em nossa vida espiritual, é capaz de conduzir o leitor a dar passos reais para a restauração do nosso altar e abandono do velho homem. Não podemos ser como os hipócritas referidos por Jesus em Marcos 7:6, que honravam a Deus com os lábios, mas o coração estava longe Dele.

Que a graça e a sabedoria de Deus para escrever estejam sempre sobre este meu amado amigo, que atinge sempre o âmago da questão: "o querer ser uma benção". Não como consequência, mas como causa de uma vida frutífera.

E para você que irá começar esta leitura, espero que o faça não com a expectativa de conhecer mais uma teoria bíblica, mas com a vontade de agir de modo a mudar radicalmente sua maneira de encarar a vida cristã, deixando de ser mero observador do reino para ser dele participante.

Pastor Ricardo Brandão

Rio de Janeiro, janeiro de 2009

Palavra do Autor

Considero importante explicar aos leitores quais foram os princípios adotados no norteamento da minha pesquisa. Tive como preocupação principal perceber as revelações de sentido mais amplo, por isso não me prendi a detalhes, como também não reuni esforços para achar ocupação e função para todos os personagens e informações contidos nas passagens bíblicas examinadas. Creio que Deus fez-me ver, por uma perspectiva diferente, um grande mistério que, quando lido sob a influência dessa perspectiva, descortina-se uma nova visão do reino de Deus. Com base nessa nova visão, toda uma estrutura de ideias foi reinterpretada. Os textos foram analisados por uma ótica específica e, a partir dela, construiu-se uma compreensão que explica adequadamente a perspectiva dessa nova visão do reino.

A versão da Bíblia utilizada neste estudo é a "revista e atualizada de João Ferreira de Almeida", edição da Sociedade Bíblica do Brasil. Não é possível enxergar as revelações aqui apresentadas usando outra versão. Por esta razão preocupei-me em não apenas citar os versículos, mas fazê-los constar inteiramente, conforme se encontram nesta versão.

É importante dizer que o entendimento dos textos estudados não se encerra aqui. A capacidade de Deus usar os mesmos textos para nos dizer outras coisas é real. Se Deus mudar a perspectiva da visão, muda também o entendimento do texto e, passamos a enxergar verdades impossíveis de serem percebidas sob a influência da perspectiva antiga.

Declaro para que todos ouçam: "Eu não sou o dono da verdade". Deus não está limitado, tampouco "engessado" neste conteúdo; o assunto não se esgota aqui. Muito mais ainda pode ser cavado e revelado pelo Altíssimo.

SUMÁRIO

LISTA DE ABREVEATURAS

ANTIGO TESTAMENTO

Gn || Gênesis
Êx || Êxodo
Lv || Levítico
Nm || Números
Dt || Deuteronômio
Js || Josué
Jz || Juízes
Rt || Rute
1Sm || 1º Samuel
2Sm || 2º Samuel
1Rs || 1º Reis
2Rs || 2º Reis
1Cr || 1º Crônicas
2Cr || 2º Crônicas
Ed || Esdras
Ne || Neemias
Et || Ester
Jó || Jó
Sl || Salmos
Pv || Provérbios
Ec || Eclesiastes
Ct || Cantares ou Cânticos dos Cânticos
Is || Isaías
Jr || Jeremias
Lm || Lamentações de Jeremias
Ez || Ezequiel
Dn || Daniel
Os || Oséias
Jl || Joel
Am || Amós
Ob || Obadias
Jn || Jonas
Mq || Miquéias
Na || Naum
Hc || Habacuque
Sf || Sofonias
Ag || Ageu
Zc || Zacarias
Ml || Malaquias

NOVO TESTAMENTO

Mt || Mateus
Mc || Marcos
Lc || Lucas
Jo || João
At || Atos dos Apóstolos
Rm || Romanos
1Co || 1ª Coríntios
2Co || 2ª Coríntios
Gl || Gálatas
Ef || Efésios
Fp || Filipenses
Cl || Colossenses
1Ts || 1ª Tessalonicenses
2Ts || 2ª Tessalonicenses
1Tm || 1ª Timóteo
2Tm || 2ª Timóteo
Tt || Tito
Fm || Filemom
Hb || Hebreus
Tg || Tiago
1Pe || 1ª Pedro
2Pe || 2ª Pedro
1Jo || 1ª João
2Jo || 2ª João
3Jo || 3ª João
Jd || Judas
Ap || Apocalipse

O MISTÉRIO DO REINO DE DEUS

Entre os fundamentos mais importantes da Bíblia, destaca-se a revelação de que Jesus Cristo morreu pelos nossos pecados para nos livrar de passar a eternidade longe da presença de Deus, sendo a segunda mensagem mais importante depois desta, a de que existe a necessidade de aceitarmos esse seu testemunho através da fé, para podermos ser justificados de nossos pecados e, assim, alcançarmos a vida eterna com Deus. Uma vez tornados cristãos, essa mensagem é substituída por outra, posto que esta primeira já cumpriu o seu papel. Essa nova mensagem deverá protagonizar a própria vida cristã, ditando o nosso modo de pensar e de agir. Ela está proposta em João 4:34:

> "Disse-lhes Jesus: A minha comida consiste em fazer a vontade daquele que me enviou e realizar a sua obra."

Obedecer à vontade do Pai e realizar a obra que Deus o confiou eram coisas tão importantes quanto comer e beber. É por isso que Jesus usa a palavra "comida" como forma de dar força ao sentido da própria expressão. Esse objetivo declarado constituiu-se no seu alvo principal de vida ("fazer a vontade do Pai a qualquer custo"), o que implicaria, necessariamente, em negar a si mesmo.

A mensagem central deste livro é: "Não existe cristianismo sem renúncia". É absolutamente necessário que todo cristão aprenda essa lição e tenha a noção exata do que isso representará em sua decisão por Cristo. Para fazer a vontade do Pai, Jesus submeteu sua vida ao dano, sem pensar em si mesmo. Todo aquele que quiser firmar um compromisso sério com Deus deverá estar disposto a agir de igual modo. As próximas linhas dissertarão sobre duas das mais importantes vertentes do Evangelho, a renúncia e a qualidade do cristianismo que oferecemos a Deus.

A DIFERENÇA ENTRE VER O REINO E ENTRAR NO REINO

> "Havia, entre os fariseus, um homem, chamado Nicodemos, um dos principais dos judeus. Este, de noite, foi ter com Jesus e lhe disse: Rabi, sabemos que és Mestre vindo da parte de Deus; porque ninguém pode fazer estes sinais que tu fazes, se Deus não estiver com ele. A isto respondeu Jesus: Em verdade, em verdade te digo que se alguém não nascer de novo, não pode ver o reino de Deus. Perguntou-lhe Nicodemos: Como pode um homem nascer, sendo velho? Pode, porventura, voltar ao ventre materno e nascer segunda vez? Respondeu-lhe Jesus: Em verdade, em verdade te digo: Quem não nascer da água e do Espírito, não pode entrar no reino de Deus." (Jo 3:1-5)

Esse texto revela-nos que ver o reino não é a mesma coisa que entrar no reino. São duas posturas diferentes e, para ambas, existem consequências também diferentes. "Se alguém não nascer de novo, não pode ver o reino de Deus." O novo nascimento está relacionado à conversão; é necessário nascer de novo no sentido da renovação da nossa mente quanto ao que cremos, quanto àquilo que agrada ou desagrada a Deus. Quando Jesus dirige-se a Nicodemos, ele está procurando fazê-lo entender a absoluta necessidade de conversão de direção. Nesse caso, Nicodemos precisava crer em Jesus como o Emanuel. Para o crente, o nascer de novo é o seu momento de conversão. E esse momento, em linhas gerais, acontece mais ou menos desta maneira:

- O reino de Deus foi-lhe apresentado de alguma forma.

- Você entendeu a mensagem do Evangelho e reconheceu a necessidade de Jesus Cristo em sua vida.

- Houve uma conversão de direção. Você estava seguindo por um caminho, parou e mudou de rumo.

- Caíram as escamas dos seus olhos, rasgou-se o véu, e você viu o reino...

... mas ainda não entrou nele.

Nascer de novo é compreender e crer na necessidade de remissão (dos pecados) e de regeneração. Segundo a conceituação do apóstolo Paulo, é a passagem do homem natural (que pode ser culto, eloquente e possuidor de uma mente brilhante, mas tem os olhos e o entendimento completamente vendados para as verdades espirituais – vide 1Co 2:14) para o homem carnal, que pela condição de fé, adquiriu o novo nascimento, mas ainda é criança espiritualmente; por isso não é capaz de receber alimento sólido, tão somente leite (1Co 3:1-2). Para este, a venda dos olhos foi retirada, rasgou-se o véu e, por isso, ele consegue ver o reino (a necessidade do senhorio de Cristo). Quem vê o reino, o vê a certa distância, sendo agora necessário caminhar em direção a ele. Ou, melhor dizendo, marchar em direção ao reino. Mas este homem (que agora é um crente em Jesus Cristo) precisa crescer espiritualmente, precisa avançar para outro estágio espiritual, estágio este que Paulo chama de "homem espiritual" (1Co 2:15).

> "Quem não nascer da água e do Espírito,
> não pode entrar no reino de Deus."(Jo 3:5)

É comum pensar que este "nascer da água" refere-se ao batismo nas águas e que o "nascimento do Espírito" seria o batismo com o Espírito Santo. Esse é um pensamento tradicional em muitas igrejas, mas sem sustentação teológica, pois seria o mesmo que dizer que quem não recebeu os dois batismos não vai para o céu e, consequentemente, não terá a vida eterna etc. A questão aqui é muito mais profunda e comprometedora. Vejamos o que diz o texto mais adiante:

> "O vento sopra onde quer, ouves a sua voz, mas não sabes donde vem, nem para onde vai; assim é todo o que é nascido do Espírito." (Jo 3:8)

O vento (o Espírito Santo, que é o próprio Deus) sopra onde quer (faz o que quer pela Sua vontade soberana). Ouvimos a sua voz, porém, não sabemos de onde ele veio, nem para onde vai. Todo aquele que é nascido do Espírito também é assim: não sabe de onde veio, tampouco para onde vai; vive ao sabor da vontade do vento, que sopra onde quer. Nascer do Espírito é não ter vontade própria, mas submeter-se à vontade do vento (Espírito Santo); resumidamente, uma vida de plena obediência. Obediência não somente àquilo que aprendemos nas Escrituras, mas também à voz do vento, quando ele sopra, e você ouve Deus falar contigo algo direto e específico. O nascimento da água caminha em paralelo e pode ser mais bem compreendido à luz da passagem que se encontra na carta de Paulo a Tito:

> "Não por obras de justiça praticadas por nós, mas segundo sua misericórdia, ele nos salvou mediante o lavar regenerador e renovador do Espírito Santo." (Tt 3:5)

Nas linhas anteriores, eu afirmei que o novo nascimento é a compreensão e a crença na necessidade de remissão (dos pecados) e de regeneração. A água é um dos símbolos do Espírito Santo (Jo 7:37-38). Quando diz "nascer da água" fala-se a respeito do "lavar regenerador" de Tito 3:5, ou, se preferir, purificador, que o Espírito Santo passa a promover em nós, limpando-nos daquilo que trazemos do mundo quando nos convertemos. A palavra regeneração traz o sentido de processo; ela acontece em etapas e é um ato contínuo do Espírito Santo, que usa como instrumento para isso a própria Palavra (Ef 5:25-27 e Jo 15:3). Fica claro perceber, por essa pequena exposição, a grande importância que há em valorizarmos o estudo das Escrituras, pois, sem esse conhecimento, retardamos o nosso processo de mudança para a imagem de Cristo (2Co 3:15-18).

Concluímos que o homem espiritual é tal como foi Davi, que andava segundo a vontade de Deus, e não segundo a sua própria vontade. Por essa mesma razão, foi chamado de "homem segundo o coração de Deus" (At 13:22).

O QUE É O REINO DE DEUS?

Encontramos nos Evangelhos vários registros das expressões: "... o reino de Deus é semelhante..." e "... o reino dos céus é semelhante...". Isso, por vezes, confunde o leitor, pois parece tratar-se de coisas diferentes. Tendo como ponto de partida os textos de Mateus 13:11 e de Lucas 8:10, não se percebe distinção de ambiente para "reino dos céus" e "reino de Deus". Os dois textos versam sobre o mesmo assunto, dentro do mesmo ambiente de ação. Portanto, são sinônimos. Essa pequena explicação ganha importância a partir da análise de outros textos, nos quais, alternadamente, os autores usarão às vezes uma, às vezes outra expressão. De igual modo acontece na parábola do grão de mostarda. Em Mateus 13:31, o autor usa a expressão "reino dos céus", enquanto que, em Marcos 4:30-31, encontramos "reino de Deus". Esse modelo repete-se na parábola do fermento. Em Mateus 13:33, usa-se "reino dos céus"; já em Lucas 13:20, emprega-se "reino de Deus".

> "Interrogado pelos fariseus sobre quando viria o reino de Deus, Jesus lhes respondeu: Não vem o reino de Deus com visível aparência. Nem dirão: Ei-lo aqui! Ou: Lá está! Porque o reino de Deus está dentro em vós." (Lc 17:20-21)

Existe um reino espiritual, um lugar para a nossa morada, reservado aos santos, nos céus (Lc 12:32). Este reino é um lugar que Deus preparou para desfrutar conosco da sua glória. Ele existe e é real. Há um segredo quanto ao mistério do reino, pois veremos que Jesus, além de falar dele como o local para onde irão os salvos, fala-nos também sobre outro conceito de reino, que atua na esfera da alma humana e não se constitui nem de comida, nem de bebida (Rm 14:17). O reino de Deus, segundo a passagem de Lucas, não é feito de coisas palpáveis, não é algo que se possa ver ou tocar, mas está dentro de nós. O reino de Deus dentro de nós é o senhorio de Cristo em nossa vida. Senhorio, por definição do dicionário da Língua Portuguesa, é o direito que alguém tem de ser senhor sobre alguma coisa. Direito este que supostamente você concedeu a Jesus quando nasceu de novo. Esse senhorio tem de se instalar e crescer dentro de nós.

Não podemos mais ser senhores de nada. A partir desse ponto, começa a nossa marcha rumo ao reino que avistamos. De agora em diante, precisamos crescer em Deus a fim de ser possibilitada a entrada no reino. Existe uma premente necessidade de desenvolvermos o nosso cristianismo, tornando-o mais e mais intenso, mais e mais compromissado com os parâmetros de Cristo.

Como se marcha para o reino?

"Ora, tendo acabado Jesus de dar estas instruções a seus doze discípulos, partiu dali a ensinar e a pregar, nas cidades deles. Quando João ouviu, no cárcere, falar das obras de Cristo, mandou por seus discípulos perguntar-lhe: És tu aquele que estava para vir, ou havemos de esperar outro? E Jesus, respondendo, disse-lhes: Ide, e anunciai a João o que estais ouvindo e vendo: Os cegos veem, os coxos andam, os leprosos são purificados, os surdos ouvem, os mortos são ressuscitados, e aos pobres está sendo pregado o Evangelho. E bem aventurado é aquele que não achar em mim motivo de tropeço. Então, em partindo eles, passou Jesus a dizer ao povo a respeito de João: Que saístes a ver no deserto? Um caniço agitado pelo vento? Sim, que saístes a ver? Um homem vestido de roupas finas?

Ora, os que vestem roupas finas assistem nos palácios reais. Mas, para que saístes? Para ver um profeta? Sim, eu vos digo, e muito mais que profeta. Este é de quem está escrito: Eis aí eu envio diante da tua face o meu mensageiro, o qual preparará o teu caminho diante de ti. Em verdade vos digo: Entre os nascidos de mulher, ninguém apareceu maior do que João Batista; mas o menor no reino dos céus é maior do que ele. Desde os dias de João Batista até agora o reino dos céus é tomado por esforço, e os que se esforçam se apoderam dele." (Mt 11:1-12)

Nesse texto, estrategicamente, o Senhor Jesus contrasta o estilo de vida de João Batista com o daqueles que assistiam nos palácios. Sabemos, por informações da própria Bíblia, que João Batista pregava no deserto; suas vestimentas eram feitas de pelos de camelo, usava um cinto de couro e alimentava-se de gafanhotos e de mel silvestre (Mt 3:4). Isso não é propriamente um estilo de vida abastado e de quem tinha recursos financeiros à sua disposição. Dessa maneira, Jesus faz um contraste entre ricos e pobres, entre João Batista e os ricos homens dos palácios. Depois, acrescenta: "... o reino dos céus é tomado por esforço...". Tomar o reino dos céus por esforço é pagar um preço. Que ninguém se confunda e pense que, para entrarmos no reino, é preciso ser pobre; não, não é nada disso. Aproveitando-se do estilo de vida de João Batista, Jesus usa um modo de linguagem figurada, e diz para nós que se quisermos entrar no reino durante a nossa marcha até ele, precisamos pagar um preço. E que preço é esse? Preço de:

- Submissão
- Obediência
- Fidelidade
- Humilhação
- Perdão
- Negar-se a si mesmo
- Tomar a cruz e segui-lo
- Morrer para o mundo
- Amar ao próximo
- Etc., etc., etc.

> "Em verdade, em verdade vos digo: Se o grão de trigo, caindo na terra, não morrer, fica ele só; mas se morrer, produz muito fruto." (Jo 12:24)

Quando aplicamos esse versículo à vida cristã, literalmente entendemos que é absolutamente necessário que se inicie em nós um processo semelhante ao do grão de trigo: para que o fruto possa nascer, a semente tem de morrer; a casca precisa se romper primeiro, significando o nosso rompimento com as coisas do passado e um novo nascimento em Deus. Isso implica necessariamente em mudança de caráter, mudança de valores, de conduta, de comportamento, de pensamento, produção de frutos dignos do arrependimento, desenvolvimento e exercício das virtudes do cristianismo. Se essas características estiverem presentes em sua vida, aí sim, você estará em marcha para o reino.

Quando falo de desenvolver as virtudes do cristianismo, penso na manifestação clara e inequívoca das virtudes de Cristo em toda a nossa maneira de viver. Pelo nosso pensar, pelo falar, pela maneira de nos comportarmos diante das mais variadas situações e, principalmente, pela eliminação de determinadas posturas que comumente são desprezadas pelos crentes.

A morte do grão de trigo é o morrer para a carne; e isso faz parte do preço que se paga para tomarmos o reino dos céus. Esse é o esforço citado por Jesus em Mateus 11:12. Biologicamente sabemos que a casca da semente precisa se romper para que o fruto possa germinar. Jesus coloca-nos na mesma posição da semente, onde se faz necessário que neguemos a nós mesmos para que possamos produzir frutos. Nós não servimos para Deus com o mundo dentro de nós. O processo de Deus em nossa vida, para preparar-nos para o reino, acontece justamente durante a marcha, que se inicia no momento da conversão. Quanto mais você, digo literalmente, permitir que Deus trate contigo, mais parecido com Cristo você será, tornando-se um crente cada vez melhor.

Esse tratamento passa, inevitavelmente, pelo desenvolvimento de certas características que precisam ser encontradas no crente, exigindo de nós disposição para submetermo-nos à disciplina de Cristo, a preferir não fazermos a nossa própria vontade e a morrermos à semelhança do grão de trigo. O reino de Deus não é o reino dos homens. O reino dos homens ensina que quem acumula é o que ganha. O reino de Deus ensina que para ganhar, primeiro temos de perder. Foi perdendo cinco pães e dois peixinhos – porque o menino os entregou (perdeu), eram dele, se os comesse, se fartaria –, que não apenas ele, mas uma grande multidão se fartou e ainda sobejou (Jo 6:9). A viúva de Sarepta entregou para Elias o último resto de alimento que tinha em casa. Elias pede que dê primeiro para ele (1Rs 17:13), depois que ela aceitou perder, ganhou o sustento de três pessoas por muitos dias (1Rs 17:14-16). Neste contexto Elias tipifica Deus; e a viúva, os crentes. Primeiro José perdeu (desprezado, escravizado, caluniado, preso), depois Deus o faz ganhar (o governo do Egito). Primeiro damos (perdemos) e somente depois ganhamos. Primeiro a casca se rompe, depois nasce o fruto. Neste processo de perda, Deus nos ensina inúmeras lições que servirão de suporte para podermos servi-Lo com valor na futura posição que Ele vai nos colocar; sem este fundamento, nos perderíamos em nossa própria vaidade. A falta de compreensão dos valores do reino de Deus e de como ele funciona, nos paralisa nesta marcha para a entrada no reino, visto que muitos querem caminhar para o reino de Deus, tendo ainda na mente e dentro de si as regras do reino dos homens. É como "remar contra a correnteza". Precisamos entender como Deus pensa, e pensar como Ele pensa (1Co 2:16).

> "Visto como pelo seu divino poder nos têm sido doadas todas as coisas que conduzem à vida e à piedade, pelo

conhecimento completo daquele que nos chamou para a sua própria glória e virtude, pelas quais nos têm sido doadas as suas preciosas e mui grandes promessas para que por elas vos torneis coparticipantes da natureza divina, livrando-vos da corrupção das paixões que há no mundo, por isso mesmo, vós, reunindo toda vossa diligência, associai com a vossa fé a virtude; com a virtude, o conhecimento; com o conhecimento, o domínio próprio; com o domínio próprio, a perseverança; com a perseverança, a piedade; com a piedade, a fraternidade; com a fraternidade, o amor. Porque estas coisas, existindo em vós e em vós aumentando, fazem com que não sejais nem inativos, nem infrutuosos no pleno conhecimento de nosso Senhor Jesus Cristo. Pois aquele a quem estas coisas não estão presentes é cego, vendo só o que está perto, esquecido da purificação dos seus pecados de outrora. Por isso, irmãos, procurai com diligência cada vez maior, confirmar a vossa vocação e eleição; porquanto,

> procedendo assim, não tropeçareis em tempo algum. Pois, desta maneira é que vos será amplamente suprida a entrada no reino eterno de nosso Senhor e Salvador Jesus Cristo." (2Pe 1:3-11)

Ao se converter, Deus te chamou para concluir uma obra que Ele tem preconcebida para você; no entanto, no texto anterior, a Bíblia revela-nos um chamamento que é comum a todos os crentes.

> "Visto como pelo seu divino poder nos têm sido doadas todas as coisas que conduzem à vida e à piedade, pelo conhecimento completo daquele que nos chamou para a sua própria glória e virtude." (v.3)

- Deus te chamou para ter a virtude de Cristo. Ou melhor, para desenvolver em você a virtuosidade que n'Ele existe. Paulo, compreendendo esse tremendo mistério, escreveu aos coríntios, dizendo: "... E assim como trouxemos a imagem do que é terreno, devemos trazer também a imagem do celestial..." (1Co 15:49). E também: "... E todos nós com o rosto desvendado, contemplando, como por espelho, a glória do

Senhor, somos transformados de glória em glória, na sua própria imagem, como pelo Senhor, o Espírito..." (2Co 3:18). Precisamos nos parecer com Jesus, refletindo a sua imagem como se fôssemos um espelho. Isso se torna real quando fazemos aflorar as virtudes Dele em nós.

> "vós, reunindo toda vossa diligência, associai" (v.5)

• Os dons espirituais para a edificação do corpo de Cristo tais como profecia, revelação, liderança, etc., são concedidos pelo Espírito Santo. Deus dá, ou se preferir, empresta, e Ele mesmo passa a usá-lo com eles. Mas, quanto à virtude não é assim. As virtudes são desenvolvidas por associação de exercício. Repare o texto: "reunindo toda a vossa diligência (esforço), associai". "Associai" aqui é "juntar", "acrescentar"; e a ordem é para você fazer isso, não o Senhor! Não se adquire domínio próprio se você não exercitá-lo, não se adquire paciência se você não a exercitar também. A Bíblia coloca a coisa dessa maneira para que ninguém se escuse dizendo, "O meu temperamento é assim mesmo; eu nasci pavio curto e vou morrer assim". Lamento, mas na verdade, você ainda não decidiu morrer para o seu velho homem, "... no sentido de que, quanto ao trato passado, vos despojeis do velho homem, que se corrompe segundo as concupiscências do engano, e vos renoveis no espírito do vosso entendimento, e vos revistais do novo homem, criado segundo Deus, em justiça e retidão procedentes da verdade..." (Ef 4:22-24).

> "Porque estas coisas, existindo em vós e em vós aumentando, fazem com que não sejais nem inativos, nem infrutuosos." (v.8)

• Esse versículo nos faz voltar ao ponto de partida, em João 12:24: "... Se o grão de trigo, caindo na terra, não morrer, fica ele só; mas se morrer, produz muito fruto...". É exatamente o que Pedro está dizendo: "nem inativos, nem infrutuosos"; antes, produzindo muitos frutos. Mas, para tanto, é necessário que essas coisas existam em você, e não é só isso, que aumentem dia após dia. Essa transformação na imagem de Cristo é gradual conforme a frequência do seu exercício; lembre-se da segunda carta aos Coríntios 3:18: "somos transformados de glória em glória". Passo a passo vamos alcançando aquilo para o qual também fomos alcançados (Fp 3:7-14).

> "Pois aquele a quem estas coisas não estão presentes é cego, vendo só o que está perto." (v.9)

• Alguém que enxerga só o que está perto é alguém com uma espiritualidade superficial, não consegue ver além. Isso se dá justamente pela resistência em mergulhar profundamente em Deus. Se você mergulha no raso, há o conforto e a segurança de desfrutar da iluminação dos raios solares. Se, porém, o mergulho for mais fundo, na verdade atingiremos lugares que poucos chegam, veremos e tomaremos conhecimento dos mistérios do fundo do mar; no entanto, nesse profundo existe escuridão e a água é bem mais gelada. Os perigos e os riscos são maiores. A vida com Deus obedece ao mesmo princípio. Penso que, se fosse só uma questão de medo, isso seria mais fácil de resolver, mas o que se percebe é que muitos não querem pagar o preço da renúncia, "... porque morrestes, e a vossa vida está oculta juntamente com Cristo, em Deus..."

(Cl 3:1-3). Se nos propomos ser servos de Deus, então precisamos morrer para nós mesmos. As características da vida de Jesus precisam ocultar a nossa própria vida, de modo que venhamos a refletir a imagem de Cristo, como num espelho. Dessa forma, ao olharem para nós, devem ver a Cristo, e não, a nossa pessoa.

> "Pois, desta maneira é que vos será amplamente suprida a entrada no reino eterno de nosso Senhor e Salvador Jesus Cristo." (v.11)

• Pedro faz uma afirmativa clara e incontestável: "... pois, desta maneira é que...". O caminho para entrar no reino, é aqui apontado e descrito conforme a análise que foi feita dessa porção das Escrituras. Pedro, assim como Jesus, entendia que existe uma necessidade de entrarmos no reino, e direciona-nos pelo caminho da virtude que se conquista com exercício.

> "Então disse Jesus a seus discípulos: Se alguém quer vir após mim, a si mesmo se negue, tome a sua cruz e siga-me." (Mt 16:24)

Se observarmos a vida do apóstolo Paulo com base naquilo que a Bíblia diz sobre ele, iremos concluir que pela ótica humana, ele não foi um homem feliz. Perseguido, odiado pelo povo e pelas autoridades, muitas vezes preso, muitas vezes açoitado, enfrentou perigos entre os irmãos, passou frio e fome. A lista é extensa (leia 2Co 11:22-33). De igual modo, o profeta Jeremias é um exemplo de homem sofrido que pagou o preço de estar ao lado do Senhor. Perseguido e preso pelos da sua própria nação por exercer o ministério de profeta que lhe fora conferido. Após a queda da cidade de Jerusalém, não seguiu para a Babilônia, onde poderia descansar de suas fadigas, mas permaneceu na terra assolada e devastada pela destruição. Sua vida é constituída de tantas turbulências que ele até escreveu um livro chamado "Lamentações". O que eu quero dizer com isso? Procuro mostrar que o desenvolvimento das virtudes do Evangelho e a geração de frutos são, muitas vezes, dolorosas, rasgam a carne, fazem chorar lágrimas de sangue. Não estou dizendo que Jesus quer que você seja infeliz, de forma alguma; mas é preciso que você saiba também que, em nenhum momento, a mensagem do Evangelho te promete felicidade. Deus não tem o compromisso de te fazer feliz; a promessa que diz

"Sirva a Jesus e você será feliz aqui na terra", não existe na Bíblia. Creio que a felicidade e a autorrealização podem coexistir com a nossa dedicação a Deus; entretanto, se isso não acontecer, "... tome a sua cruz e siga-o...". Seja infeliz, mas produza os frutos e continue marchando a caminho do reino. A disposição de dizer tal coisa e de assumir esse compromisso é a expectativa que o Espírito Santo nutre a nosso respeito. Isso é deixar com que o senhorio de Cristo cresça em você.

> "Vinde a mim todos os que estais cansados e sobrecarregados e eu vos aliviarei. Tomai sobre vós o meu jugo e aprendei de mim, porque sou manso e humilde de coração; e achareis descanso para a vossa alma. Porque o meu jugo é suave, e o meu fardo é leve." (Mt 11:28-30)

Não existe cristianismo sem renúncia. Quem quer que lhe "venda" um Evangelho excluso desse princípio está fora da visão bíblica. Não basta abraçar só o que nos interessa neste verso do livro de Mateus: o descanso e o alívio que Jesus oferece. A ideia não é depositar o fardo pesado aos pés da cruz e sair dizendo: "puxa vida, que bom! Me livrei deste fardo, agora estou leve e suave". Alto lá! Antes de prosseguir, tome para si o fardo de Jesus. Na verdade, o que o Senhor propõe é uma substituição de jugo, trocando aquele que o mundo impõe-lhe pelo Dele. O Evangelho que lhe promete uma vida feliz e sem perdas, não é o Evangelho de Cristo. Há um jugo e um fardo a serem carregados, e estes são a cruz. Alguns até pegam a cruz, mas depois, ao invés de seguirem para o calvário com ela para serem crucificados, vão para onde querem. A única vez que Jesus pegou a cruz foi para seguir em direção ao Gólgota, e nela foi pregado (Jo 19:17). Sigamos o seu exemplo.

O CRENTE QUE FAZ A DIFERENÇA

Existem pecados que eu chamaria de grosseiros, dado o grande escândalo que provocam, tais como: o adultério, a fraude financeira na igreja etc. De certa forma, costumamos tomar mais precauções contra esses pecados, por sabermos quão danosos eles são. Podemos compará-los a grandes pedras em nosso caminho, que, por justamente serem grandes, são avistadas com facilidade. Não é para esses problemas que eu quero chamar a sua atenção. O perigo maior reside, na verdade, nas pequenas pedras. Elas não são vistas com facilidade; são pequeninas e não costumamos dar importância a elas. Nas pedras grandes (imagine uma pedra do tamanho de um homem) só nos chocamos se quisermos, pois elas são bem perceptíveis à nossa frente. Para vermos as pequenas, é preciso se mostrar vigilante para sabermos onde está o perigo. Ao tropeçar numa pequena pedra, você nunca cai no ponto em que tropeçou, e sim, mais adiante. O que eu estou querendo dizer?

As pequenas pedras são minúcias e detalhes da vida cristã, que a Bíblia adverte-nos a expulsarmos de nosso meio e de nossa vida; no entanto, continuam sendo postas em segundo plano, e não poucas vezes, consideradas desmerecedoras dos nossos cuidados. Em sua carta aos Efésios, mais especificamente do capítulo 4 ao 6, versículo 9, como também aos Colossenses 3:5 a 4:6, Paulo faz alusão a uma extensa lista de pormenores, destacando sua importância na vida do crente individualmente e para a igreja.

Quem se preocupa conscientemente em suportar o irmão em amor (Ef 4:2)? Quantos acham que mentir é inofensivo (Ef 4:25)? Quantos tropeçam no falar e acham que isso é nada (Ef 4:29)? Quantos se recusam a aprender a lição do perdão (Ef 4:31-32)? Quantos querem exercitar a mansidão (Cl 3:12)? Quantos usam sua própria língua como instrumento de discórdia e não ligam para isso (Tg 3:1-18)? Esses trechos são apenas alguns destaques para contextualizar. Leia as passagens citadas.

Precisamos compreender que permitir que essas pedras fiquem no caminho significa minar nossa vida espiritual com coisas que, em um momento futuro, podem nos derrubar. Lembre-se do que eu disse anteriormente: "... ao tropeçar numa pequena pedra, você nunca cai no ponto em que tropeçou, e sim mais adiante...". Com o tempo, tais erros cauterizam a mente e corremos o risco de achar que o natural é sermos assim mesmo, que essas "coisinhas não fazem mal". Somente dali a algum tempo, não imediatamente, sentiremos os efeitos e as consequências de termos tratado com indulgência coisas que achávamos pequenas demais para importarmo-nos com elas.

> "Em cada alma havia temor; e muitos prodígios e sinais eram feitos por intermédio dos apóstolos. Todos os que creram estavam juntos, e tinham tudo em comum. Vendiam as suas propriedades e bens, distribuindo o produto entre todos, à medida que alguém tinha necessidade. Diariamente perseveravam unânimes no templo, partiam pão de casa em casa, e tomavam as suas refeições com alegria e singeleza de coração, louvando a Deus, e contando com a simpatia de todo o povo. Enquanto isso, acrescentava-lhes o Senhor, dia a dia, os que iam sendo salvos." (At 2:43-47)

> "Muitos sinais e prodígios eram feitos entre o povo, pelas mãos dos apóstolos. E

> costumavam todos reunir-se, de comum acordo, no pórtico de Salomão. Mas, dos restantes, ninguém ousava ajuntar-se a eles; porém o povo lhes atribuía grande admiração." (At 5:12-13)

Hoje se dá bastante importância nas igrejas à manifestação dos dons espirituais, ao movimento de profecias, às visões etc. Isso é muito bom, indispensável para o crescimento do corpo e precisa ocupar o seu espaço e função. A igreja primitiva apoiava a sua existência em três pilares. (1) Os apóstolos possuíam conhecimento da palavra de Deus (apenas para citar um exemplo, vide, no capítulo 7 de Atos, a longuíssima exposição de Estevão sobre as Escrituras). (2) Havia abundante manifestação de poder, demonstrado pelos sinais e prodígios. (3) O testemunho de vida dos cristãos gerava simpatia e até admiração nos incrédulos. Não basta profetizar, revelar, fazer milagres e mostrar sabedoria, tem de dar testemunho também. Testemunho de uma vida que aprende e reflete o virtuosismo de Cristo. Se honramos o poder e a palavra, o testemunho muito mais ainda; do contrário, estaremos vituperando o Evangelho de Jesus.

Estudo complementar das parábolas correlacionadas com o entendimento do mistério do reino de Deus

> "Então, se aproximaram os discípulos e lhe perguntaram: Por que lhes falas por parábolas? Ao que respondeu: Porque a vós outros é dado conhecer os mistérios do reino dos céus, mas àqueles não lhes é isso concedido." (Mt 13:10-11)

O mistério é uma verdade propositadamente escondida por Deus, para que, no tempo que Ele julgue oportuno, venha aos homens ser revelado (Dt 29:29 e Cl 1:26-27). O que está sendo negado aos incrédulos é conhecer os "mistérios", e não o entendimento e as informações básicas para o alcance da salvação (Mt 13:11). Para aquele que crê e tem sede de conhecer mais acerca da vontade de Deus, o Espírito Santo descortina os mistérios da sua Palavra, que vem a ser a compreensão dela concebida, não pelo intelecto humano, mas pela revelação do próprio Espírito de Deus (Ef 3:1-4). Somente o filho (Jesus) conhece as profundezas do Pai (Deus), e o filho revela-as a quem deseja revelar. Faltava aos escribas e aos fariseus tanto a crença quanto a sede de conhecer. Conhecer não só a Palavra, mas também ao Deus da Palavra. Porém, aos humildes de espírito foi-lhes concedida essa revelação (Mt 11:25-27), bem como também a herança do seu reino (Mt 5:3 e Lc 12:32).

Com base na perspectiva dessa nova visão do reino (que existe uma diferença entre ver o reino e entrar no reino), reinterpretaremos algumas parábolas que estão diretamente ligadas a esse mistério.

O reino sob a visão de juízo

A primeira parábola a analisarmos será a da rede de arrasto, que é descrita como segue:

> "O reino dos céus é ainda semelhante a uma rede que, lançada ao mar, recolhe peixes de toda espécie. E, quando já está cheia, os pescadores arrastam-na para

> a praia e, assentados, escolhem os bons para os cestos, e os ruins deitam fora. Assim será na consumação do século: Sairão os anjos e separarão os maus dentre os justos, e os lançarão na fornalha acesa; ali haverá choro e ranger de dentes." (Mt 13:47-50)

Essa parábola apresenta o reino sob a visão de juízo; juízo esse que acontece dentro da casa de Deus (1Pe 4:17). No capítulo 5 de Lucas, lemos o relato sobre a pesca maravilhosa. Pedro, orientado por Jesus, lança a sua rede ao mar e apanha grande quantidade de peixes. Depois, Jesus diz a ele: "... Não temas: doravante serás pescador de homens...". Pedro, lançando a rede (a palavra de Deus), recolheria do mar (o mundo) peixes (homens pecadores). O texto de Lucas fala de "quantidade" (Lc 5:6); a parábola acima, de "variedade de espécie" (v.47). A pregação da palavra de Deus por parte da igreja tira do mundo e traz para dentro da igreja várias pessoas diferentes. São convertidas ao Senhor pessoas de todo o tipo, com histórias diferentes, problemas e dificuldades diferentes. Os peixes pegos pela rede somos nós mesmos, que um dia tivemos um encontro com o Senhor e nos convertemos.

Fomos tirados do mundo e trazidos para a igreja (praia), onde haverá uma seleção (v.48). Os bons são escolhidos, e os ruins deitam fora. Essa seleção acontece dentro da igreja, entre os crentes. Logo em seguida a cena muda para o cenário do juízo (v.49), e diz assim: "... sairão os anjos e separarão os maus dentre os justos...". Estes são os maus crentes que viram o reino, mas não entraram nele, ou melhor, não se puseram em marcha para nele entrarem; entraram no Evangelho, mas o Evangelho não entrou neles. Nessa pesca, apanham-se peixes de toda a espécie. Não há uma preocupação da parte de Deus em pescar só os de qualidade. A qualidade necessária para se alcançar o reino é trabalhada pelo Espírito de Deus durante a marcha, ou seja, nas etapas seguintes à conversão. A partir desse entendimento, o texto de Mateus 22:14, que para mim por muitos anos fora obscuro, se autoesclareceu.

> "Porque muitos são chamados, mas poucos escolhidos." (Mt 22:14)

Uma vez chamados para participarmos do seu reino, somos nós quem nos selecionamos. Não somos chamados escolhidos porque Deus escolheu-nos para morar no céu; e o nosso vizinho, Ele escolheu para ir para o inferno. Somos escolhidos porque nos elegemos a essa condição com a qualidade do cristianismo que oferecemos a Ele.

Para melhor compreensão desse mistério, vejamos a explicação da parábola do semeador.

> "Atendei vós, pois, à parábola do semeador. A todos os que ouvem a palavra do reino, e não a compreendem, vem o maligno e arrebata o que lhes foi semeado no coração. Este é o que foi semeado à beira do caminho. O que foi semeado em solo rochoso, esse é o que ouve a palavra e a recebe logo, com alegria; mas não tem raiz em si mesmo, sendo antes de pouca duração; em lhe chegando a angústia ou a perseguição por causa da palavra, logo se escandaliza. O que foi semeado entre os espinhos é o que ouve a palavra, porém os cuidados do mundo e a fascinação das riquezas sufocam a palavra, e fica infrutífera. Mas o que foi semeado em boa terra é o que ouve a palavra e a compreende; este frutifica, e produz a cem, a sessenta e a trinta por um." (Mt 13:18-23)

• Verso 19: Este é comparável ao homem natural, que não discerne as coisas de Deus, nem as entende. Ouve a pregação da Palavra, mas não atenta para ela (não se converte), e o diabo (os pássaros que comem a semente) trata logo de tirar do coração (que é a terra) o que foi semeado (Lc 8:12).

• Versos 20-21: Este caminhou um pouco (recebeu a Palavra com alegria), chegou a tornar-se homem carnal (crente iniciante), mas se desvia (Lc 8:13). Não valoriza o conhecimento da Palavra, não possui raiz; por isso sua fé dura pouco (se uma planta não tem raiz, não pode alimentar-se, e se não se alimenta, morre por desnutrição). Como não se alimenta da Palavra, não consegue ficar de pé por muito tempo; sua fé é sempre vacilante. Desvia-se por não querer carregar a cruz; não aceita o custo do discipulado (angústia ou perseguição – Mt 10:16-42). Esta "angústia ou perseguição" pode ser entendida como qualquer força de oposição que combate contra nós na tentativa de nos fazer desistir de seguir Cristo.

• Verso 22: Este é o homem carnal que sufoca os frutos que a Palavra pode produzir por causa de coisas mundanas dentro dele que não foram removidas (espinhos). Segundo a explicação do Evangelho de Lucas, são frutos que começam a crescer, mas não chegam a amadurecer (Lc 8:14). Observe que, nesse caso, a semente não sai do coração, mas também não germina; é comparável ao crente descrito por Jesus como sendo morno (Ap 3:15-16).

- Verso 23: Este é o homem espiritual que caminha para entrar no reino (Lc 8:15); a terra é limpa de impurezas e, por isso, a semente consegue frutificar.

A Palavra de Deus recebida por nós, para crescer e desenvolver-se, precisa encontrar boa terra, precisa encontrar condições propícias ao seu desenvolvimento. Os espinhos sufocam a semente. Na verdade, quando você veio para Jesus, veio com espinhos, que são elementos que precisamos remover para que a Palavra não se sufoque e possa frutificar. Esse é o grande segredo da parábola do semeador: a boa terra.

Uma vez compreendido isso, a passagem de Mateus 13:12 ("... pois ao que tem se lhe dará, e terá em abundância; mas, ao que não tem, até o que tem lhe será tirado..."), que para muitos é incompreensível, torna-se clara. O texto não deixa dúvidas ao dizer que se tomará daquele que não tem, e que ao que tem se lhe acrescentará. Essas são palavras aparentemente injustas. Mas, se interpretarmos o texto de acordo com a explicação da parábola do semeador, essa declaração não é propriamente um ato de Deus, como se Ele deliberadamente tomasse daquele que não tem e desse ao que tem. Porém, trata-se de uma consequência de quem vê o reino e fica parado, e de quem vê o reino e caminha em direção a ele. A semente cuja terra não está tratada é comida pelos pássaros (o que tem lhe será tirado), ao passo que, se limparmos a terra, ela germinará e dará frutos, e esses frutos multiplicar-se-ão (Mc 4:20), produzindo a trinta, a sessenta e a cem por um (ao que tem se lhe dará e terá em abundância).

Esse entendimento está perfeitamente conectado com João 15:2, que diz:

> "Todo ramo que, estando em mim, não der fruto, ele o corta; e todo o que dá fruto limpa, para que produza mais fruto ainda." (Jo 15:2)

"Então o reino dos céus será semelhante a dez virgens que, tomando suas lâmpadas, saíram a encontrar-se com o noivo. Cinco dentre elas eram néscias, e cinco prudentes. As néscias, ao tomarem as suas lâmpadas, não levaram azeite consigo; no entanto as prudentes, além das lâmpadas, levaram azeite nas vasilhas. E, tardando o noivo, foram tomadas de sono, e adormeceram. Mas, à meia-noite, ouviu-se um grito: Eis o noivo! Saí ao seu encontro. Então se levantaram todas aquelas virgens e prepararam as suas lâmpadas. E as néscias disseram às prudentes: Dai-nos do vosso azeite, porque as nossas lâmpadas estão-se apagando. Mas as prudentes responderam: Não! Para que não nos falte a nós e a vós outras; ide antes aos que o vendem, e comprai-o. E saindo elas para comprar, chegou o noivo, e as que estavam apercebidas entraram com ele para as bodas; e fechou-se a porta. Mais tarde chegaram as virgens néscias, clamando: Senhor, Senhor, abre-nos a porta! Mas ele respondeu: Em verdade vos

> digo que não vos conheço. Vigiai, pois, porque não sabeis o dia nem a hora." (Mt 25:1-13)

Ao contrário do que pode parecer, todas as virgens, na verdade, são crentes. A questão-chave é a quantidade de azeite que carregavam, representando a maior ou a menor medida de cristianismo. As prudentes não cederam azeite, porque cristianismo não se divide, mas se desenvolve pelo exercício das virtudes cristãs. De outra sorte, fecha-se a porta, e você fica excluído da festa das bodas (v.10-11).

> "Nem todo o que me diz: Senhor, Senhor! entrará no reino dos céus, mas aquele que faz a vontade de meu Pai que está nos céus." (Mt 7:21)

Essas coisas das quais estamos falando são muito sérias. Que ninguém pense que pode viver um Evangelho de "oba, oba" e, depois, herdar o reino dos céus. O fato de profetizar, fazer milagres ou realizar obras, não credencia ninguém diante de Deus. Em Mateus 7:22, lemos que muitos apresentarão os frutos do seu ministério na terra como passaporte para entrarem no reino, mas o

Senhor os rejeitará. O que importa é compreender a vontade de Deus e praticá-la.

O reino sob a visão do crescimento

Não podemos esquecer o que já foi estudado: o reino de Deus (ou reino dos céus) está dentro de nós (Lc 17:21), e esse reino é o senhorio de Cristo na nossa vida. Senhorio este que precisa se desenvolver e crescer, como acontece com tudo que tem vida e é dinâmico. Essa revelação nos é dada de forma surpreendente nas três parábolas que estudaremos agora, a saber: a da semente de mostarda, a do fermento, e a do crescimento espiritual.

> "Outra parábola lhes propôs, dizendo: O reino dos céus é semelhante a um grão de mostarda, que um homem tomou e plantou no seu campo; o qual é, na verdade, a menor de todas as sementes, e crescida, é maior do que as hortaliças, e se faz árvore, de modo que as aves do céu vêm aninhar-se nos seus ramos." (Mt 13:31-32)

> "Disse-lhes outra parábola: 'O reino dos céus é semelhante ao fermento que uma mulher tomou e escondeu em três medidas de farinha, até ficar tudo levedado'." (Mt 13:33)

> "Disse ainda: O reino de Deus é assim como se um homem lançasse a semente à terra, depois dormisse e se levantasse, de noite e de dia, e a semente germinasse e crescesse, não sabendo ele como. A terra por si mesma frutifica, primeiro a erva, depois a espiga, e, por fim, o grão cheio na espiga." (Mc 4:26-28)

É interessante observar que os elementos de composição dessas parábolas, como também o uso avulso de alguns deles em outras partes do Evangelho, mudam constantemente de sentido. Observe que Jesus recomenda que sejamos cautelosos quanto ao fermento dos fariseus (Lc 12:1). Já na parábola do fermento, ele é descrito como benéfico, pois é comparado ao reino dos céus. Outro aspecto interessante é que percebe-se a existência proposital de informações improcedentes. No caso da parábola da semente de mostarda, sabe-se, pela botânica, que ela não é a menor das sementes e que também não se torna a maior das hortaliças.

Tais informações convidam-nos a ter os olhos voltados para a busca do sentido superior das suas palavras, sem nos prendermos a detalhes. Não deixemos de ter na memória que os mistérios do reino são para aqueles que creram em Jesus (Mt 13:11, no caso, os discípulos, a quem o reino estava sendo apresentado, e a nós, crentes de hoje), mas ao mundo, de forma geral, esses mistérios estão ocultos. Por mais essa razão, é compreensível que Jesus, ao proferir as parábolas, fosse inexato em algumas coisas que dizia, para que a verdade essencial ficasse velada, a fim de ser revelada mais tarde aos seus discípulos (Mc 4:34).

Nas três parábolas, o sentido é sempre o do crescimento. O reino (o senhorio de Cristo) tem de crescer dentro de nós: "... desenvolvei a vossa salvação com temor e tremor..." (Fp 2:12). Precisamos, a cada dia, ser crentes melhores. Nas três narrativas temos algo que é inserido em um ambiente, onde, a partir daí, cresce com exuberância.

A palavra de Deus recebida por nós para crescer e desenvolver-se precisa encontrar boa terra, precisa encontrar condições propícias ao seu desenvolvimento. Essas condições são todo esse conjunto de coisas até aqui estudadas. Se você a sufocar – lembre-se da parábola do semeador (Mt 13:22) –, ela fica infrutífera. Na verdade, quando você veio para Jesus, veio com espinhos, os quais precisa remover para que a palavra não se sufoque e possa frutificar.

Nas duas parábolas de Mateus, percebe-se claramente a existência de um processo. No exemplo da semente de mostarda, são as fases da jardinagem (plantio, rega, adubagem, poda etc.); já na parábola do fermento, o desenvolvimento dá-se pelo cozimento.

Na narração de Marcos, depois que a semente é lançada, passam-se os dias (dormisse e se levantasse, de noite e de dia), ela nasce e cresce, e o homem fica espantado como isso aconteceu (não sabendo ele como). No verso 28, diz que: "... a terra por si mesma frutifica...". A frutificação é inevitável. Salvo se a terra venha a possuir espinhos. Veja que espinhos são coisas removíveis. São elementos que não pertencem a terra; podem e devem ser retirados. Dessa maneira, em boa terra, a palavra frutifica por si mesma.

Compreendendo esse mistério, outra parábola, que para mim era até então enigmática, passou a ter claro entendimento. Refiro-me à parábola do pai de família.

> "Então lhes disse: Por isso todo escriba versado no reino dos céus é semelhante a um pai de família que tira do seu depósito coisas novas e coisas velhas." (Mt 13:52)

Jesus fala-nos aqui sobre a necessidade de mudança de dentro para fora; não externa, mas essencialmente interna. Usa o exemplo do escriba, por saber que, em muitos pontos, o seu entendimento das coisas de Deus estava mesclado com conceitos, preceitos e tradições humanas, o que os impedia muitas vezes de ver a verdade como ela é. O próprio Jesus repreendia-os, dizendo: "... ai de vós, escribas e fariseus, hipócritas! porque fechais o reino dos céus diante dos homens; pois, vós não entrais, nem deixais entrar os que estão entrando..." (Mt 23:13).

Mas o escriba versado (que passou a entender essa nova visão do reino) toma a iniciativa de retirar de dentro de si, como num exercício de limpeza, as coisas que desagradam a Deus (tira do seu depósito coisas novas e velhas). Ele entende que é seu papel fazer isso, e, por esse motivo, toma a iniciativa de segregar o que é nocivo à semente. Cada um converte-se com um nível de mundo dentro de si, que precisa ser pinçado de dentro de nós, fazendo separação daquilo que serve e o que não serve para Deus.

Uma vez conhecedores dessas verdades, vede quão imensa é a nossa responsabilidade! Não podemos, de maneira alguma, alegar que não sabíamos que haveríamos de prestar contas ao nosso Senhor, "... mas àquele a quem muito foi dado, muito lhe será exigido..." (Lc 12:47-48).

O reino sob a visão da qualidade

> "O reino dos céus é semelhante a um tesouro oculto no campo, o qual certo homem, tendo-o achado, escondeu. E, transbordante de alegria, vai, vende tudo o que tem, e compra aquele campo." (Mt 13:44)

> "O reino dos céus é também semelhante a um que negocia e procura boas pérolas; e achando uma pérola de grande valor, vendeu tudo o que possuía, e a comprou." (Mt 13:45-46)

Se, na parábola da semente de mostarda e na do fermento, aprendemos a ver o reino pela visão do crescimento, aqui aprendemos sobre a necessidade de qualidade. Normalmente essas duas parábolas são interpretadas como um ensino à necessidade da entrega total a Cristo. O simbolismo, nesse caso, é o de alguém que abandona todos os seus conceitos e ícones religiosos ("... vendeu tudo o que possuía..."), para ficar com Cristo. Está corretíssima essa ideia. Para entendermos o reino pela visão da qualidade, precisamos adotar a perspectiva de João 3:3 e 5, na leitura das duas parábolas. Tudo que tinha valor para esse homem foi substituído por algo mais valioso. O sentido da qualidade é aqui apontado pela troca de valor praticada pelo personagem. Nessa troca de valor, há um ganho de qualidade, posto que, desfazendo-se de valores inferiores ("... vendeu tudo o que possuía..."), adquire-se valores superiores aos primeiros (o campo onde estavam o tesouro e a pérola de grande valor). O cristianismo exige exatamente isso. Requer mudança de valores com ganho de qualidade. Não é uma coisa da qual possamos abrir mão. Se o fizermos, seremos como sal insípido. Jesus, na verdade, chamou-nos de sal da terra, mas advertiu que podemos nos tornar sem gosto (Mt 5:13).

A capacidade de "salgar" (dar gosto às coisas) é representada pela qualidade do cristianismo que você oferece a Deus.

A conexão desse simbolismo com a segunda epístola de Pedro 1:3-11 é perfeita. Falando sobre as virtudes, a ordem no texto de Pedro é: "... reunindo toda a vossa diligência (esforço), associai...". Nas duas parábolas citadas, há, da mesma maneira, um esforço. Primeiramente representado pela venda (para se desfazer de valores que não servem para Deus), e um esforço de aquisição (para associar à sua vida valores e mudanças agradáveis a Deus).

A PARÁBOLA DAS BODAS

> "De novo entrou Jesus a falar por parábolas, dizendo-lhes: O reino dos céus é semelhante a um rei que celebrou as bodas de seu filho. Então enviou os seus servos a chamar os convidados para as bodas; mas estes não quiseram vir. Enviou ainda outros servos, com este recado: Dizei aos convidados: Eis que já preparei o meu banquete: os meus bois

e cevados já foram abatidos, e tudo está pronto; vinde para as bodas. Eles, porém, não se importaram, e se foram, um para o seu campo, outro para o seu negócio; e os outros, agarrando os servos, os maltrataram e mataram. O rei ficou irado e, enviando as suas tropas, exterminou aqueles assassinos e lhes incendiou a cidade. Então disse aos seus servos: Está pronta a festa, mas os convidados não eram dignos. Ide, pois, para as encruzilhadas dos caminhos e convidai para as bodas a quantos encontrardes. E, saindo aqueles servos pelas estradas, reuniram todos os que encontraram, maus e bons; e a sala do banquete ficou repleta de convidados. Entrando, porém, o rei para ver os que estavam à mesa, notou ali um homem que não trazia veste nupcial, e perguntou-lhe: Amigo, como entraste aqui sem veste nupcial? E ele emudeceu. Então ordenou o rei aos serventes: Amarrai-o de pés e mãos, e lançai-o para fora, nas trevas; ali haverá choro e ranger de dentes. Porque muitos são chamados, mas poucos escolhidos." (Mt 22:1-14)

Para a análise dessa parábola, a primeira ação a tomar é identificar os personagens indicados. O rei (Deus) envia os seus servos (os profetas) para chamar os convidados (o povo hebreu) a participarem da festa das bodas (o seu reino), mas eles se recusam a atender ao convite. Essa recusa fez com que Deus se voltasse para outro povo – este outro povo somos nós, os gentios. Paulo dá noção melhor dessa verdade na carta aos Romanos (10:14 a 11:12). Em Mateus 22, a partir do verso 8, os personagens mudam, e agora temos uma conexão perfeita com a parábola da rede de arrasto, anteriormente estudada. Os servos convidam todo o tipo de gente para a festa, maus e bons (v. 9, 10). Tal como na rede de arrasto que traz do mar para a terra toda espécie de peixes. Como eu disse ao explicar a parábola da rede de arrasto, não há uma preocupação da parte de Deus com a qualidade, nesse momento. É o momento da pesca, da conversão propriamente dita. Na parábola das bodas, foi feita uma adição que não consta na da rede de arrasto. A seleção é com base no tipo da vestimenta de cada um. A veste nupcial assume uma função de superior qualidade em relação a qualquer outra vestimenta. Assim, vemos, mais uma vez, a cobrança de qualidade exigida pelo Evangelho quanto ao nosso cristianismo, para podermos adentrar no reino (a festa das bodas). A parábola termina igual à da rede de arrasto, mudando o seu cenário para o juízo: "... ali haverá choro e ranger de dentes..." (v.13). E ainda no último versículo, acrescenta: "... porque muitos são chamados, mas poucos escolhidos...". Nós vestimos a veste que queremos para irmos à festa ao encontro do rei; porém, veja com que veste você vai! Afinal, se não for a adequada, certamente Ele te expulsará da festa.

O CRESCIMENTO INDEVIDO

> "Outra parábola lhes propôs, dizendo: O reino dos céus é semelhante a um homem que semeou boa semente no seu campo; mas, enquanto os homens dormiam, veio o inimigo dele, semeou o joio no meio do trigo, e retirou-se. E, quando a erva cresceu e produziu fruto, apareceu também o joio. Então, vindo os servos do dono da casa, lhe disseram: Senhor, não semeaste boa semente no teu campo? Donde vem, pois, o joio? Ele, porém, lhes respondeu: Um inimigo

> fez isso. Mas os servos lhe perguntaram: Queres que vamos e arranquemos o joio? Não! Replicou ele, para que, ao separar o joio, não arranqueis também com ele o trigo. Deixai-os crescer juntos até à colheita, e, no tempo da colheita, direi aos ceifeiros: Ajuntai primeiro o joio, atai-o em feixes para ser queimado; mas o trigo, recolhei-o no meu celeiro."
> (Mt 13:24-30)

Deus tem a incrível capacidade de extrair ensinamentos diferentes a partir de um mesmo texto da sua Palavra; para tanto, basta que Ele mude a perspectiva da visão. Se Deus mudar a perspectiva da visão, muda também a mensagem do texto; e passamos a enxergar verdades impossíveis de serem percebidas sob a influência da perspectiva antiga. Dependendo do corte de leitura, ou da ótica aplicada na análise, um mesmo texto pode comunicar verdades diferentes. Qualquer nova ideia formada ou interpretações alternativas precisam estar aptas a serem construídas sobre as bases fundamentais do Evangelho (1Co 3:10), e é por isso mesmo que elas devem ser testadas até que se prove não haver contradições para coexistirem.

A parábola do joio no meio do trigo é explicada por Jesus, em Mateus 13:36-43. O Senhor fala a respeito da igreja e do arrebatamento. No entanto, se a reinterpretarmos com base na visão de reino tal como temos visto, observaremos aqui a existência de um crescimento indevido. O objetivo é: o reino de Deus que está dentro em vós (Lc 17:20-21), que é o senhorio de Cristo em nossa vida, tem de crescer. Mas, por falta de vigilância (os homens dormiam – v.25), o diabo achou brecha e plantou algo dele nesse crente. Conclusão: muitos crentes, por não vigiarem, deixam o mundo crescer junto com o trigo. Esses são identificados, na parábola do semeador, como a semente que caiu entre os espinhos (Mt 13:22). Informações adicionais dessa parábola, nas narrativas de Marcos e Lucas, permitem compreendermos melhor essa verdade. Marcos, em 4:19, diz que a semente de joio "concorre" com a palavra. Ora, a Palavra de Deus e os seus mandamentos não podem ter concorrentes. Os concorrentes tomam o mercado uns dos outros e os lucros enfraquecem. Mas nós pregamos o senhorio de Cristo (direito que alguém tem de ser senhor sobre alguma coisa); logo, não pode haver concorrentes, do contrário, o nosso cristianismo enfraquecerá. Lucas, em 8:14, diz que os frutos não chegam a amadurecer. Crescem, mas não amadurecem. Cresceu um pouco, mas o mundo cresceu junto e, por isso, sufocou os frutos da boa semente. As coisas mundanas, quando se juntam à carne, são mais poderosas do que a semente da Palavra, que não pode crescer em solo contaminado.

O Senhor recusa-se a retirar o joio (v.29). Cabe ao crente fazer isso. Deus deixa o tempo passar (v.30) na tentativa de despertar essa iniciativa no crente. Com esse entendimento, abriu-se luz para mim sobre o que Jesus disse em Mateus 11:16-17: "... Mas, a quem hei de comparar esta geração? É semelhante a meninos que, sentados nas praças, gritam aos companheiros: Nós vos tocamos flauta, e não dançastes; entoamos lamentações, e não pranteastes...". Deus cria situações em nossas vidas e faz-nos passar por determinadas circunstâncias, no intuito de estimular certas reações em nós. Se eu toco um instrumento para uma pessoa, eu espero que ela reaja dançando; se conto alguma história triste, eu espero que ela lamente o fato. Neste "dar tempo ao tempo", Deus espera que você esboce uma reação proativa. Jesus disse isso, textualmente, em Apocalipse 2:21: "... Deilhe tempo para que se arrependesse; ela, todavia, não quer arrepender-se da sua prostituição...". A repreensão tem esse mesmo propósito ("... Toda disciplina, com efeito, no momento não parece ser motivo de alegria, mas de tristeza; ao depois, entretanto, produz fruto pacífico aos que têm sido por ela exercitados, fruto de justiça..." (Hb 12:11).

Por fim, tal como na parábola da rede de arrasto, também na explicação da parábola do joio no meio do trigo (Mateus 13:41) haverá uma seleção que acontecerá dentre aqueles que estão na igreja (do seu reino). Crentes, participantes da igreja de Cristo na terra, que, todavia, tornaram-se reprovados.

Ser como criança

"E disse: Em verdade vos digo que, se não vos converterdes e não vos tornardes como crianças, de modo algum entrareis no reino dos céus." (Mt 18:3)

Observe que Ele fala sobre a necessidade de se "converter e tornar" como uma criança para ser possível entrar no reino. É, portanto, fato que a conversão é o primeiro passo na caminhada rumo à entrada no reino, mas não é a única atitude a ser tomada. A grande expectativa nessa frase é desenvolver o caráter de Cristo em nossa vida que, sob o ponto de vista humano, o caráter de uma criança é o que mais se assemelha ao de Cristo. Se tomarmos como exemplo uma criança de dois anos, encontraremos nela: ausência de malícia, de inveja, de soberba, de ódio, de mentira, de divisão, de ganância pelo poder, de traição, de racismo, de lascívia, de amor ao dinheiro, etc.

Se não vos converterdes (ver o reino) e tornardes criança (desenvolvimento do caráter de Cristo), não entrareis!!! Mas a palavra de ordem para nós é: "... Vinde, benditos de meu Pai! Entrai na posse do reino que vos está preparado desde a fundação do mundo..." (Mt 25:34). Quando diz "... vos tornardes...", está implícita uma necessidade de transformação. Nós tomamos a decisão de nos converter, e somos nós quem decidimos nos tornar como crianças; em que para esta segunda ação, também está implícito um esforço de mudança.

ANDANDO COM DEUS

Quando, enfim, entraremos definitivamente no reino? Eu diria que de fato no dia em que Jesus voltar. Acontece que, esse dia, para mim e para você, pode ser amanhã. Falo assim, considerando que, se você ou eu morrermos amanhã, na verdade Jesus voltou para nós, pois é findado o tempo que nos foi concedido para marcharmos em direção ao reino. Resta saber se, nesse dia, estaremos trajando vestes nupciais ou não.

É bom ver a glória do reino, mas nele entrar e dele ser parte é melhor ainda! Deus quer nos fazer mergulhar numa dimensão de profundidade espiritual muito maior. Esse caminho passa inevitavelmente por aquilo que chamo de "entrega". Nesse aspecto, a entrega (total à vontade e à obra de Cristo) é mais importante que a intimidade. Pode-se ter intimidade com Deus, sem entrega total. Esse foi o caso de Jonas que, apesar de profeta, fugiu da ordem divina. Eu, particularmente, creio que podemos atingir um estágio tão elevado de entrega que o nosso homem espiritual, por assim dizer, se forma; restando apenas para nós a ceifa. Deus toma-nos para Ele, não importando nossa idade ou qualquer outro fator.

Voltando à parábola do crescimento espiritual (Mc 4:26-29), o versículo 29 deixa margem para pensarmos assim. Estando o fruto maduro, é chegada a sua hora. A impressão que eu tenho é de uma ceifa que aconteceu fora do tempo para alguns frutos (crescesse, não sabendo ele como – v.27). Por outra perspectiva, temos uma aplicação diferente para o que já foi dito sobre essa parábola. A semente teria, por razões desconhecidas, crescido e se desenvolvido mais rápido que as outras. Sendo assim, o tempo da ceifa para ela é também antecipado. O exemplo mais claro disso é a vida de Enoque. Diz o texto: "... Andou Enoque com Deus, e já não era, porque Deus o tomou para si..." (Gn 5:24). Uma coisa, porém, que é pouco observada na história de Enoque é que, no capítulo que fala sobre ele, há o registro da idade de várias pessoas. A média de idade dessas pessoas é de 907,5 anos. Enoque viveu 365 anos (Gn 5:23), ou seja, 542,5 anos a menos que a média do seu tempo. Há uma interrupção muito abrupta de sua vida. Enoque prova-nos que é possível andar com Deus num nível de entrega e comunhão tão intenso, que faz com que a nossa morte seja preciosa à vista do Senhor (Sl 116:15).

Esses fatos fazem-me crer que Deus se agrada e talvez até anseie, que todos os seus filhos cheguem a essa condição. O que pode nos levar a isso é somente um cristianismo vivo, genuíno e compromissado totalmente com os valores divinos.

Entendendo a salvação pela Graça

Estive falando quase que o tempo todo em "pagar um preço". Uma de minhas preocupações em adicionar este parágrafo foi a de trazer esclarecimentos consistentes quanto à perfeita conectividade entre "pagar esse preço", e o que está escrito em Efésios 2:8-9: "... Porque pela graça sois salvos, mediante a fé; e isto não vem de vós, é dom de Deus; não de obras, para que ninguém se glorie...". Se Jesus pagou o preço por nós (1Co 6:20 e 7:23), para que a salvação nos fosse concedida gratuitamente, por que eu ainda tenho de pagar um preço?

Precisamos compreender, com profundidade e exatidão, o que é a graça salvadora de Jesus Cristo e o que de fato se deu na cruz. Naquele tempo, a crucificação era um modo comum de punição; assim o crucificado, para os romanos, era considerado inimigo do Estado, e para os judeus, maldito (Dt 21:23 e Gl 3:13). O que aconteceu na cruz? Sabemos que os sofrimentos provocados por uma crucificação são no mínimo horrendos. Mas o que realmente aconteceu na cruz?

Imagine a seguinte história. Você é casado e pai de duas meninas; sua esposa é amável e em seu lar existe paz e alegria. Um dia, um homem maligno invade sua casa, violenta suas filhas e, depois, mata e esquarteja sua esposa. Esse pecado horrível gera em você uma dor; gera angústia e indignação. Produz uma gama de sentimentos indescritivelmente massacrantes à alma humana. Quando Jesus foi crucificado, o que Ele sentiu na cruz foi exatamente isso. Ele sentiu a dor desse pecado que eu acabei de descrever. Não só deste, mas a dor provocada por todo tipo de pecado existente, não só daquela geração, mas também das que o traspassaram (que viveram antes Dele), e também a dor do pecado de todos que ainda haveriam de vir (as gerações futuras), de todos quantos haveriam de nascer. Podemos dizer, literalmente, que, durante a crucificação, os pecados da humanidade foram lançados sobre o Senhor. Jesus tomou-os sobre si, tirou-os de sobre nós e pôs sobre Ele (Is 53:11-12), absorvendo-os na cruz. As nossas transgressões atravessaram a alma do Senhor (Is 53:5). A isso tudo soma-se ainda a dor e o sofrimento provocados pelas enfermidades. De igual modo ao pecado, também as enfermidades de toda a humanidade foram lançadas sobre Ele (Is 53:4). Deus fez seu filho enfermar propositadamente, para que, por suas pisaduras, fôssemos nós sarados (Is 53:10).

Foi por causa desses sofrimentos que Jesus transpirou gotas de sangue (Lc 22:44), e não pela crucificação em si. Se a questão fosse somente dor física, a empalação (método de punição que consistia em cravar o condenado em uma estaca pelo ânus), também comum nos tempos de Jesus, era muito mais pavorosa. No entanto, não se tem notícias de que pessoas com esse tipo de condenação tenham suado gotas de sangue antes da execução. Portanto, a dor física não era a maior preocupação de Jesus, mas sim aquilo que estava para acontecer com Ele. Por essa mesma razão é que clamou: "*... Eloí, Eloí, lamá sabactâni?...*" (Deus meu, Deus meu, por que me desamparaste?..." – Mc 15:34).

Nesse momento, Jesus tornou-se maldito por nós (Gl 3:13). A minha crença pessoal é que naquela hora o Pai o abandona. Abandonou-o porque Deus não pode comungar com o pecado. É como se o Espírito Santo de Deus tivesse que sair de Jesus naquela hora. Isso que Jesus fez, a absorção dos nossos pecados na cruz, é o que se pode chamar de o dom gratuito da graça salvadora de Deus (Rm 5:12-17). A dor, a angústia e o peso do nosso pecado, Jesus experimentou em nosso lugar. Esse foi o preço pago por Ele, reconciliando-nos com Deus. Nisto consiste parte do plano de salvação, pois, se esse preço não tivesse sido pago, os nossos pecados ainda estariam sobre nós. Quando Jesus toma sobre si os nossos pecados, ele abre a porta da salvação para toda a humanidade, justificando aquele que crer no seu sacrifício. Por causa de seus próprios pecados, nenhum homem comum poderia pagar tal preço, mas Jesus o fez sem nunca ter pecado.

Quando lemos "... Porque pela graça sois salvos, mediante a fé; e isto não vem de vós, é dom de Deus;..." (Ef 2:8), temos um ponto e vírgula depois da palavra fé, o que indica uma separação de ideias, associando, assim, o dom de Deus à graça, e não à fé. Ou seja, o que aconteceu na cruz é o dom da graça de Deus dado aos homens; mas, quanto à fé, cabe a você e a mim. Eu é quem tenho de crer em Jesus e no significado do seu sacrifício; sou eu quem tenho de tomar a decisão de segui-lo; essa fé cabe a mim ter, não em Deus me dar. Lembremos que a palavra "dom" aqui não representa uma virtude espiritual, mas uma dádiva, um presente dado por Deus ao homem ("dádiva" ou "presente" é a primeira citação do dicionário Aurélio da Língua Portuguesa para a palavra "dom"). A fé é descrita como um dom de Deus na primeira carta de Paulo aos Coríntios (1Co 12:9). Nela, o apóstolo fala sobre a fé como uma virtude espiritual para feitos extraordinários, diferente da abordagem feita na carta aos Efésios 2:8, no qual Paulo fala da fé necessária à crença no sacrifício de Jesus, que tem força e propósito de conceder ao homem a oportunidade de salvação.

Entretanto, para que a ação purificadora do sacrifício do sangue de Jesus tenha efeito contínuo sobre nossa vida, é necessário que atendamos a uma condição; um "se" que encontramos na Palavra de Deus. Se fores fiel..., se não te desviares..., se andares nos meus caminhos... As promessas de salvação, em toda a Bíblia, estão atreladas a esse condicional. Paulo, na segunda carta aos Coríntios 5:1-3, fala-nos sobre uma morada no céu, na qual iremos habitar; porém, no versículo 3, ele diz: "... se, todavia, formos encontrados vestidos e não nus...". O que significa ser encontrado vestido e não, nu? Essa frase é comparável à parábola das bodas quando fala da veste nupcial. Parafraseando, ficaria assim:

Vamos morar no céu com Jesus, se, naquele grande dia, apresentarmo-nos a Ele com a veste nupcial da santidade. Se, porém, nós profetizarmos, curarmos, realizarmos milagres em nome do Senhor, mas, contudo, não estivermos cobertos com a veste nupcial da santidade, ouviremos da parte Dele: "... apartai-vos de mim..." (Mt 7:23). O mesmo princípio encontramos em Colossenses 1:20-23 ("... se é que permaneceis na fé..." – v.23); primeira epístola de João 1:7 ("... se, porém, andarmos na luz..." – só se andarmos na luz é que a ação purificadora do sangue de Jesus terá efeito sobre nós).

Portanto, pagamos um preço, e o preço que se paga é o da fidelidade ("... Sê fiel até a morte, e dar-te-ei a coroa da vida..." – Ap 2:10). Somente receberei a coroa, se eu for fiel até o fim. Em tudo isso, a salvação não deixou de ser pela graça. A graça da salvação, como já foi explicado, era o que estava acontecendo por detrás da crucificação. O preço da fidelidade não é uma obra na qual eu possa me gloriar e, por conta disso, cobrar de Deus a salvação. O preço da fidelidade é um modo de conduta exigido por Deus àqueles que se propõem a marchar em direção ao reino.

APRENDENDO O VALOR DA OBEDIÊNCIA

Perfaz-se aqui o segundo passo da caminhada cristã. Aprendemos, no primeiro capítulo, o significado e o valor da renúncia; agora chegou o momento de aprendermos que a marcha em direção ao reino se estabelece debaixo da obediência. Tomando por base o próprio exemplo de obediência de Jesus, recorrerei a textos aparentemente desconexos com relação a esse tema, mas, ao contrário do que parece, muito tem a nos ensinar sobre o assunto.

A obediência está separada em duas fases distintas. Uma diz respeito a obedecer ao Evangelho; onde o crente passa a observar fielmente os princípios bíblicos gerais, vivendo uma vida moralmente limpa. A outra trata da obediência relativa ao recebimento de uma ordem direta, quando Deus deixa-nos clara a sua vontade sobre algo bastante específico, o que também exige de nós uma resposta positiva com relação a esta sua vontade revelada.

> "Disse-lhes Jesus: A minha comida consiste em fazer a vontade daquele que me enviou e realizar a sua obra." (Jo 4:34)

Esse mesmo versículo foi usado no início do capítulo anterior; dessa vez, porém, quero convidar o leitor a observar sua segunda parte. Jesus está falando de dois compromissos diferentes. O primeiro é fazer a vontade do Pai (daquele que me enviou), e o segundo é realizar a obra de Deus. É possível termos compromisso com o Pai, vivendo uma vida dentro do padrão bíblico, sem, contudo, ter compromisso com a obra Dele?

O primeiro exemplo que me vem à mente quando penso nisso é o de Jonas. Ele era profeta do Senhor, tinha compromisso com Deus e com os seus mandamentos, mas, quando recebe a incumbência de ir a Nínive pregar a Sua mensagem, em desobediência, foge para outra cidade. Esse é um clássico exemplo de compromisso com Deus, no sentido de querer servi-lo, mas sem compromisso com a obra. Semelhantemente, muitos cristãos, quando comissionados por Deus à realização de alguma obra ou de um ministério, esquivam-se com justificativas.

O meu objetivo, neste capítulo, é aclarar essas diferenças, conduzindo-nos à reflexão sobre a questão da obediência em nossa própria vida.

O EXEMPLO DE OBEDIÊNCIA DE JESUS

"Mas Jesus disse a Pedro: Mete a espada na bainha; não beberei, porventura, o cálice que o Pai me deu?" (Jo 18:11)

"Acaso pensas que não posso rogar a meu Pai, e ele me mandaria neste momento mais de doze legiões de anjos?" (Mt 26:53)

Jesus é, para nós, um exemplo pleno de obediência. Na verdade, o Senhor, não queria ir à cruz. E, de fato, se Jesus não tivesse se submetido à vontade do Pai, mas antes, escolhido viver, Deus tê-lo-ia honrado mesmo assim. Parece estranho falar isso, e soa, de certa forma, até como heresia, mas existe base bíblica para o que estou dizendo.

Se Jesus tivesse clamado ao Pai na hora em que fora preso, o Pai enviaria os seus exércitos para defendê-lo. Isso não foi dito por Jesus e escrito pelos homens somente para dramatizar mais a história de sua vida. Era verdade! Essas foram palavras declaradas pela própria boca do Senhor.

A obediência de Jesus à vontade do Pai torna-se muito mais gloriosa e cheia de significado, quando entendemos que Ele tinha a real opção de ter recusado a beber o cálice. As coisas não aconteceram simplesmente por estarem profetizadas, tornando o ato da cruz mecânico e automatizado; houve a participação da vontade do Filho, digo, vontade não de ir à cruz, mas de obedecer. Na oração que Jesus faz em Marcos 14:36, Ele diz: "E dizia: Aba, Pai, tudo te é possível; passa de mim este cálice; contudo, não seja o que eu quero, e sim, o que tu queres" – Jesus pediu, literalmente, que passasse dele o cálice. Ele não queria beber. E ainda diz: "tudo te é possível". Ele sabia que tudo é possível ao Pai, inclusive fazer com que não tomasse do cálice da crucificação e, mesmo assim, cumprir todo o plano de salvação.

Mas, como poderia ser isso possível? Nem eu, nem você sabemos, mas para Deus tudo é possível, e quando diz tudo, nada se exclui (Mt 19:26). Por ter plena certeza disso é que Jesus, na mesma oração, pede ao Pai para não tomar o cálice. Mas acrescenta: "contudo, não seja o que eu quero, e sim, o que tu queres". Quando compreendemos que Jesus tinha a real opção de não tomar o cálice, o valor da sua obediência torna-se muito mais sublime. Havia escolha para Ele, mesmo estando tudo já profetizado. Essa verdade da qual acabei de falar está resumidamente expressa em Filipenses.

> "Tende em vós o mesmo sentimento que houve também em Cristo Jesus, pois ele, subsistindo em forma de Deus não julgou como usurpação o ser igual a Deus; antes a si mesmo se esvaziou, assumindo a forma de servo, tornando-se em semelhança de homens; e, reconhecido em figura humana, a si mesmo se humilhou, tornando-se obediente até à morte, e morte de cruz." (Fp 2:5-8)

Ora, sendo Ele Deus (v.6), poderia ter recusado a cruz, mas, ao contrário disso, foi obediente até o fim (v.8). "Tende em vós o mesmo sentimento que houve em Cristo Jesus" (Fp 2:5). De que sentimento Paulo está falando? Certamente de sermos obedientes até o fim. "Mas Jesus disse a Pedro: Mete a espada na bainha; não beberei, porventura, o cálice que o Pai me deu?" (Jo 18:11). Essa é a palavra de ordem para mim e para você. Mesmo diante da opção de escolher a nossa própria vontade, façamos como Jesus: guarde a tua espada na bainha, cesse de lutar com Deus, e beba do cálice.

BARTIMEU, UM EXEMPLO A SER SEGUIDO

"E foram para Jericó. Quando ele saía de Jericó, juntamente com os discípulos e numerosa multidão, Bartimeu, cego, mendigo, filho de Timeu, estava assentado à beira do caminho. E, ouvindo que era Jesus, o Nazareno, pôs-se a clamar: Jesus, Filho de Davi, tem compaixão de mim! E muitos o repreendiam, para que se calasse; mas ele cada vez gritava mais: Filho de Davi, tem misericórdia de mim! Parou Jesus e disse: Chamai-o. Chamaram então o cego, dizendo-lhe: Tem bom ânimo; levanta-te, ele te chama. Lançando de si a capa, levantou-se de um salto, e foi ter com Jesus. Perguntou-lhe Jesus: Que queres que eu te faça? Respondeu o cego: Mestre, que eu torne a ver. Então Jesus lhe disse: Vai, a tua fé te salvou. E imediatamente tornou a ver, e seguia a Jesus estrada fora." (Mc 10:46-52)

Essa passagem quando pregada de forma evangelística, compara Bartimeu com alguém que não conhece a Jesus e que, depois de ter um encontro com Ele, é abençoado. Até antes de isso acontecer, Bartimeu insistia em estar à beira do caminho, e por estar aí, era cego e mendigo; contudo, quando se levanta e vai ter com Jesus, torna a ver. Mas a perspectiva evangelística não é a única aplicável a este texto.

Muitos crentes, conhecedores do Senhor e da sua palavra, seguem na verdade Jesus, mas o seguem à beira do caminho. Seguir Jesus à beira do caminho significa: ser crente; estar na igreja, participar dos louvores, dos trabalhos, mas se recusar a tomar o cálice (obedecer); cálice este, agora aqui representado pelo caminho que Jesus traçou para você andar. Jesus é o caminho (Jo 14:6), e Ele traça caminhos para andarmos nele, mas alguns, por conta de sua própria vontade, seguem Jesus pela beira do caminho, tentando por Ele não ser visto. Só que, quem permanece à beira do caminho, fica cego, e é mendigo espiritualmente, pois se distancia do centro do propósito de Deus. Quem está à beira do caminho está à margem, assim como Bartimeu estava.

Se nos lembrarmos da parábola do semeador, veremos que os que estão à beira do caminho ficam sob a influência de Satanás. "E, ao semear, uma parte caiu à beira do caminho, e vieram as aves e a comeram"; "São estes os da beira do caminho, onde a palavra é semeada e, enquanto a ouvem, logo vem Satanás e tira a palavra semeada neles" (Mc 4:4 e 15). Crentes sobre a influência de Satanás? Isso mesmo, porque simplesmente se recusam a obedecer.

Quando Deus traça um caminho ministerial para você, por exemplo, e você resiste em aceitar, recusando-se a fazer aquilo que Deus tem posto diante de ti, você se torna como Bartimeu: primeiro se cega para o que Deus quer; e, depois disso, começa a empobrecer espiritualmente. Por quê? Porque quem está assentado (parado) à beira do caminho não consegue progredir. Existem ainda outros caminhos pelos quais você precisa andar, e que só lhe serão apresentados por Deus depois que você caminhar por este que está agora na sua frente. Se você não caminha, mas fica parado, como Bartimeu, assentado à beira do caminho (Mc 10:46), o teu ministério acaba absorvendo a poeira da estrada, e a sua aparência começa a assemelhar-se à imagem de um mendigo.

Uma atitude foi tomada: "Lançando de si a capa, levantou-se de um salto, e foi ter com Jesus"

(Mc 10:50). Deixo de lado a minha própria vontade (lançando de si a capa) e passo a priorizar a vontade de Deus (levantou-se de um salto e foi ter com Jesus).

Bartimeu fornece-nos um claro retrato de que é possível sermos crentes e estarmos completamente equivocados quanto à maneira pela qual estamos seguindo Jesus. Ainda pior é sermos crentes, estarmos conscientes que estamos à beira do caminho e não reagirmos como Bartimeu o fez. O segredo é estar no caminho, que era onde Jesus estava. A manifestação do poder de Deus acontece quando você está no caminho (na posição de obediência). Foi só quando Bartimeu saiu da beira do caminho e se pôs na mira de tiro de Jesus (no caminho) é que ele pôde experimentar o poder de Deus.

ELI, UM EXEMPLO A NÃO SER SEGUIDO

"Então, correu um homem de Benjamim, saído das fileiras, e, no mesmo dia, chegou a Siló; trazia rasgadas as vestes e terra sobre a cabeça. Quando chegou, Eli estava assentado numa cadeira, ao pé do caminho, olhando como quem espera, porque o seu coração estava tremendo pela arca de Deus. Depois de entrar o homem na cidade e dar as novas, toda a cidade prorrompeu em gritos. Eli, ouvindo os gritos, perguntou: Que alvoroço é esse? Então, se apressou o homem e, vindo, deu as notícias a Eli. Era Eli da idade de noventa e oito anos; os seus olhos tinham cegado, e já não podia ver. Disse o homem a Eli: Eu sou o que saí das fileiras e delas fugi hoje mesmo. Perguntou-lhe Eli: Que sucedeu, meu filho? Então, respondeu o que trazia as novas e disse: Israel fugiu

> de diante dos filisteus, houve grande morticínio entre o povo, e também os teus dois filhos, Hofni e Finéias, foram mortos, e a arca de Deus foi tomada. Ao fazer ele menção da arca de Deus, caiu Eli da cadeira para trás, junto ao portão, e quebrou-se-lhe o pescoço, e morreu, porque era já homem velho e pesado; e havia ele julgado a Israel quarenta anos." (1Sm 4:12-18)

Eli está na contramão de Bartimeu; ele faz justamente o caminho contrário. É o típico exemplo de comportamento que não deve ser seguido. Porém, antes de começarmos a analisar esse texto, devemos nos lembrar de que Eli era sacerdote do Senhor (1Sm 1:9). Seus filhos, Hofni e Finéias, eram também sacerdotes junto dele (1Sm 1:3), mas estes não eram fiéis ao Senhor, ao contrário, faziam coisas execráveis diante de Deus (1Sm 2:12-17). Por causa disso, o Senhor exorta a Eli duas vezes (1Sm 2:27-36 e capítulo 3), mas Eli não repreende seus filhos adequadamente (1Sm 3:13). Apesar de tê -los advertido (1Sm 2:22-26), não tomou nenhuma medida concreta para destituí-los da posição que ocupavam, mesmo tendo autoridade para fazê-lo, pois era o sacerdote principal.

Eli era um ícone, uma referência para Israel. Assentava-se numa cadeira (posto eclesiástico) junto a um pilar (coluna) na casa de Deus (1Sm 1:9). Ele era o juiz de Israel. Ocupava uma posição importantíssima no sacerdócio, na nação e diante de Deus. Mas, agora, no final de sua vida, o vemos assentado na mesma cadeira, só que ela não está mais no templo, junto a um pilar, mas ao pé do caminho, que é o mesmo que dizer à beira do caminho, posto que não está no caminho, mas à margem dele (1Sm 4:13). "Olhando como quem espera" (sem tomar atitude alguma). Nesse ponto, Eli e Bartimeu estão igualados na mesma posição. Ambos cegos, sentados, esperando por alguma coisa. Foi nisso que Eli transformou-se, num homem velho, cego e pesado (1Sm 4:15 e 18).

A grande diferença entre eles fica por conta da atitude. Bartimeu, percebendo que está à beira do caminho, toma atitudes que o levam para o caminho. Eli, estando nele, por causa de sua resistência em tomar uma atitude contra os filhos, conduz-se à beira do caminho, e aí, perde a visão do centro da vontade de Deus. Eli estava preocupado com a arca da aliança, que iria cair nas mãos dos filisteus. Mas

Deus não estava preocupado com isso. A preocupação d'Ele era com o erro, com o pecado de seus filhos, que exploravam o povo e fazia-o pecar (1Sm 2:12-17 e 24).

Caminhando à beira do caminho, como estava Eli, começamos a dar mais valor às aparências (a arca) do que à essência (conduta irrepreensível); passamos a ser superficiais, valorizando o que pouco valor tem, e assim, esquecemo-nos do que é verdadeiramente importante na vida cristã.

ENRIQUECENDO-SE COM AS EXPERIÊNCIAS DO "CAMINHO"

Quando uso a expressão "pôr-se no caminho", não estou falando simplesmente da conversão, mas da abertura de si mesmo para um mergulho profundo em Deus. Isso implica em uma vida de obediência. E não é só uma obediência pela qual eu sou levado a ter uma vida moralmente limpa, correta e de bom testemunho. Vai muito além! Podemos ser servos corretos, com bom testemunho, mas nos negarmos a atender uma chamada de Deus para um determinado trabalho, para uma obra específica. Pode ser que, hoje, Ele esteja colocando essa chamada diante de ti, como o caminho que no momento você precisa trilhar.

Israel, enquanto estava no Egito, conhecia o Deus de seus pais, mas foi chamado a uma comunhão maior, a um compromisso mais elevado; foi chamado a servi-Lo no deserto (Êx 3:18). Essa obediência valeu-lhe grande experiência; e o povo passou a conhecer o Senhor, em suas múltiplas características.

Conheceram o Senhor que dá livramento, que cura; conheceram o Deus da providência, que dá água, pão e carne no deserto. Conheceram a glória do Deus de Israel, pelos seus feitos diante do inimigo, pela nuvem que os guiava de dia e a coluna de fogo à noite. Conheceram o Deus que faz juízo no meio do seu povo, quando o Senhor mandou as serpentes como castigo. Aprenderam a depender de Deus. Ao atendermos essa chamada específica, viveremos as mesmas experiências que o povo de Israel.

> "Eu sou a porta. Se alguém entrar por mim, será salvo; entrará, e sairá, e achará pastagem." (Jo 10:9)

Se Jesus é a porta e eu já entrei por ele e fui salvo, por que é que agora eu tenho que sair? No verso 7 deste mesmo capítulo, Jesus revela-nos que Ele é a porta, e no verso 1 Ele declara que esta porta, que é Ele mesmo, é a porta do aprisco das ovelhas. No aprisco as ovelhas estão abrigadas, protegidas do frio e do calor, a chuva também não as atinge, e estão fora do alcance dos predadores. Mas há um porém: "no aprisco não há pastagem". Sair do aprisco é necessário para que a ovelha possa se alimentar. Eu entendo que este "sair", é o sair para a realização da obra, para o atendimento do chamado específico que Deus tem para cada um. Se a ovelha não sair, ela não come, e se não come, também não cresce e por fim morrerá. Há o momento certo de sair e Deus sempre sinaliza isso com clareza. A resistência em sair reside na perda da zona de conforto que estamos acostumados e no medo de expormo-nos aos perigos. Este sair não é sair da igreja que você congrega. O sair significa entregar-se ao propósito, lançar a mão ao arado, chamar sobre si a responsabilidade do trabalho na casa de Deus, no reino de Deus, dizendo: "eis-me aqui, envia-me a mim"; doando o seu tempo, o seu esforço, os seus talentos etc.

"Entrará, e sairá, e achará pastagem". Observe que Jesus não deixou uma opção só de entrar, e Ele mesmo afirma que a pastagem só se encontra fora do aprisco. Nesta hora o medo e a possibilidade de perdas nos dominam, mas os crentes se esquecem que quem está chamando para fora do aprisco é o próprio Jesus (v.3), e quem chama se responsabiliza, pois Deus tem total interesse que a obra se conclua. Se Ele não prover, como se consumará a obra? Em segundo lugar, nós não estamos sozinhos quando fora do aprisco, mas o Senhor vai adiante de nós (v.4). A voz Dele nos orientando também não faltará, como se conclui no final do versículo 4.

A pastagem, nesta linguagem metafórica, é tudo o que Deus provê para a realização do chamado, incluindo as extraordinárias experiências que serão vivenciadas nesta jornada. Costumamos desejar viver experiências de poder, no entanto esquecemos que, para vivermos experiências de poder, é necessário que haja uma razão para isso. Israel viu o Mar Vermelho se abrir, mas Faraó com os seus exércitos já estavam a ponto de alcançá-los para matá-los. As chamas não queimaram os três amigos de Daniel, mas eles tiveram que entrar na fornalha. Comparativamente, o frio, o calor e os predadores que ameaçam as ovelhas, são as lutas, as dificuldades e temores que nos assolam para tentar impedir o cumprimento do chamado. Mas também são a causa de vermos o poder de Deus em ação, quando por intervenção milagrosa, nos dá livramento.

> "Saulo, respirando ainda ameaças e morte contra os discípulos do Senhor, dirigiu-se ao sumo sacerdote, e lhe pediu cartas para as sinagogas de Damasco, a fim de que, caso achasse alguns que eram do Caminho, assim homens como mulheres, os levasse presos para Jerusalém." (At 9:1-2)

- Para os que estão no caminho, há perseguição.

> "E disse: Bendito seja o Senhor Deus de meu senhor Abraão, que não retirou a sua benignidade e a sua verdade de meu senhor; quanto a mim, estando no caminho, o Senhor me guiou à casa dos parentes de meu senhor." (Gn 24:27)

- No caminho, o Senhor nos guia.

> "Estando Moisés no caminho, numa estalagem, encontrou-o o Senhor, e o quis matar. Então Zípora tomou uma pedra aguda, cortou o prepúcio de seu filho, lançou-o aos pés de Moisés e lhe disse: Sem dúvida és para mim esposo sanguinário." (Êx 4:24-25)

- Podemos estar no caminho e tornarmo-nos rejeitados pelo Senhor. Deus tinha praticamente acabado de comissionar Moisés para ser o líder do seu povo e, subitamente, vemos Deus querendo matá-lo. Apesar de ainda não existir a lei, Moisés sabia que a circuncisão era uma ordenança divina (Gn 17:9-14).

A desobediência provocou um ajuste de contas de Deus para com ele.

> "Cedo, de manhã, ao voltar para a cidade, teve fome; e, vendo uma figueira à beira do caminho, aproximou-se dela; e, não tendo achado senão folhas, disse-lhe: Nunca mais nasça fruto de ti. E a figueira secou imediatamente." (Mt 21:18-19)

- Interessante notar que a figueira estava à "beira do caminho". À beira do caminho não se produz fruto.

Tudo acontece com o crente quando ele está no caminho: perseguição, dúvidas, provação, bênção, produção de frutos. Quando se está à beira do caminho, somos estéreis. Tal como o povo de Israel no deserto, fomos chamados a uma peregrinação, ou a uma marcha, como gosto de me referir. Nela encontraremos perigos, provações e lutas. Todavia, temos também a garantia de que o Senhor atravessará o deserto conosco. Nessa travessia, temos de contemplar o galardão, que é a terra prometida de Canaã, na qual adentraremos e descansaremos no final da marcha.

ALTARES QUEBRADOS

Pode um veículo, ainda que seja novo, permanecer em perfeito funcionamento, sem que haja manutenção? Se possuirmos uma máquina, seja ela qual for, antiga, porém muito bem preservada, cujo proprietário de forma muito meticulosa cuida com manutenção diária e cuidados especiais, porventura o seu funcionamento não se manterá perfeito por muitos anos?

Esse simples raciocínio lógico explica também o que acontece na vida espiritual de muita gente. Tal como uma máquina que não tem manutenção, nossa vida espiritual sofrerá danos parecidos se dela não cuidarmos. Esses danos podem se constituir numa quebra. Vida espiritual quebrada significa vida errada diante de Deus. Isso é o que eu chamo de altar quebrado.

Somos responsáveis pela manutenção do nosso altar; a nossa conduta como servos tem de ser correta e agradável a Deus em todo o tempo. Sabemos que uma máquina, mesmo bem cuidada, pode apresentar defeitos, mas o zelo de quem dela cuida não permitirá que fique quebrada por muito tempo; da mesma forma, precisamos reparar o altar imediatamente.

É sobre esse tema que versa este capítulo. Muitos desprezam o conceito, mas disso depende a nossa aprovação. De Deus não se escarnece; ninguém sem santidade verá o Senhor. Por isso, é de vital importância conhecer essa matéria que encerra o modelo de vida cristã com base num cristianismo vivo.

O CASO DE SAUL

"Madrugou Samuel para encontrar a Saul pela manhã; e anunciou-se àquele: Já chegou Saul ao Carmelo, e eis que levantou para si um monumento, e, dando volta, passou e desceu a Gilgal. Veio, pois, Samuel a Saul, e este lhe disse: Bendito sejas tu do Senhor; executei as palavras do Senhor. Então disse Samuel: Que balido, pois, de ovelhas é este nos meus ouvidos, e o mugido de bois que ouço? Respondeu Saul: De Amaleque os trouxeram; porque o povo poupou o melhor das ovelhas e dos bois para os sacrificar ao Senhor teu Deus; o resto, porém, destruímos totalmente. Então disse Samuel a Saul: Espera, e te declararei o que o Senhor me disse esta noite. Respondeu-lhe Saul: Fala. Prosseguiu Samuel: Porventura, sendo tu pequeno aos teus olhos, não foste por cabeça das tribos de Israel, e não te ungiu o Senhor rei sobre ele? Enviou-te o Senhor a este caminho, e disse: Vai, e destrói totalmente a estes pecadores, os amalequitas, e peleja contra eles, até exterminá-los. Por que, pois, não atentaste à voz do Senhor, mas te lançaste ao despojo, e fizeste o que era mal aos olhos do Senhor? Então disse Saul a Samuel: Pelo contrário, dei ouvido à voz do Senhor, e segui o caminho pelo qual o Senhor me enviou; e trouxe a Agague, rei de Amaleque, e os amalequitas os destruí totalmente; mas o povo tomou do despojo ovelhas e bois, o melhor do designado à destruição para oferecer ao Senhor teu Deus em Gilgal. Porém Samuel disse: Tem porventura o Senhor tanto prazer em holocaustos e sacrifícios quanto em que se obedeça à sua palavra? Eis que o obedecer é melhor do que o sacrificar, e o atender melhor do que a gordura de carneiros. Porque a rebelião é como o pecado de feitiçaria, e a obstinação é como a idolatria e culto a ídolos do lar. Visto que rejeitaste a palavra do Senhor, ele também te rejeitou a ti, para que não sejas rei. Então disse Saul a Samuel: Pequei, pois transgredi o mandamento do Senhor e as tuas palavras; porque temi

> o povo, e dei ouvidos à sua voz. Agora, pois, te rogo, perdoa-me o meu pecado, e volta comigo, para que adore ao Senhor. Porém Samuel disse a Saul: Não tornarei contigo; visto que rejeitaste a palavra do Senhor, já ele te rejeitou a ti, para que não sejas rei sobre Israel. Virando-se Samuel para se ir, Saul o segurou pela orla do manto, e este se rasgou. Então Samuel lhe disse: O Senhor rasgou hoje de ti o reino de Israel, e o deu ao teu próximo, que é melhor do que tu." (1Sm 15:12-28)

> "Eis que a mão do Senhor não está encolhida, para que não possa salvar; nem surdo o seu ouvido, para não poder ouvir. Mas as vossas iniquidades fazem separação entre vós e o vosso Deus; e os vossos pecados encobrem o seu rosto de vós, para que vos não ouça." (Is 59:1-2)

O que pode nos separar de Deus? Certamente, como diz o versículo, os nossos pecados, impedindo nossa comunhão com Ele. "... O que encobre as suas transgressões, jamais prosperará; mas o que as confessa e deixa, alcançará misericórdia..." (Pv 28:13). Há uma necessidade de se confessar os pecados. E não somente de se confessar, mas de abandoná-los também (confessa e deixa). Geralmente se dá pouca ênfase para essa segunda parte do versículo. É fundamental tanto o reconhecimento (confessar) quanto o abandono (deixar). Não basta só se arrepender. A Bíblia usa a mesma linguagem, tanto no Velho como no Novo Testamento; e é isso que veremos ao longo deste capítulo.

> "Vai, pois, agora e fere a Amaleque, e destrói totalmente a tudo o que tiver; nada lhe poupes, porém matarás homem e mulher, meninos e crianças de peito, bois e ovelhas, camelos e jumentos." (1Sm 15:3)

Esta foi a ordem de Deus: "matarás a tudo o que tem vida", parafraseando o versículo acima. A obediência de Saul, no capítulo 15 do primeiro livro de Samuel, é parcial. Ele permite que se tome do melhor dos haveres dos amalequitas (1Sm 15:15). Samuel, em decorrência disso, aponta seu erro, fazendo-o saber que ele não cumpriu a ordem de Deus na íntegra (1Sm 15:19). Saul, porém, contesta; e afirma que, ao contrário do que Samuel pensa, ele cumpriu-a sim, integralmente (1Sm 15:20). Nesse ponto, precisamos voltar à segunda parte deste livro, e recordarmos o que aprendemos sobre Eli. Novamente temos um homem que conhecia o Senhor (Saul), ocupando uma cadeira (o trono de Israel) e que, além de não perceber que está completamente errado, ainda acha que fizera o que era certo. Mais uma vez, vemos alguém que começou bem, com o apoio de Deus, mas, por causa da desobediência, ficou cego (dessa vez, não física, mas espiritualmente); alguém que se pôs à beira do caminho. Veja o que está escrito no versículo 18: "... Enviou-te o Senhor a este caminho, e disse: Vai, e destrói totalmente a estes pecadores...". Esse era o caminho que o Senhor estava pondo diante de Saul para ele trilhar naquele momento. Saul dá a resposta dizendo: "... pelo contrário, dei ouvido à voz do Senhor, e segui o caminho pelo qual o Senhor me enviou..." (1Sm 15:20). Mentira! Era óbvio que a ordem não havia sido cumprida completamente. Saul enganava a si mesmo.

O caso de Saul retrata o líder que, durante o seu ministério, vem a tornar-se cego quanto à obra de Deus, crendo piamente que está tudo bem. O mesmo aconteceu com Eli. No caso deste, a sua rejeição deu-se por falta de uma atitude com respeito ao que seus filhos estavam fazendo (1Sm 2:30-31). A razão da rejeição de Saul está fundada na sua desobediência e na permanência no erro. Ao invés de se corrigir, ele insiste em permanecer no pecado, cometendo outros agravantes diante de Deus (para um completo conhecimento dos fatos, leia todo o primeiro livro de Samuel). Saul procurou matar Davi sem causa (1Sm 19:1-2) e assassinou os sacerdotes do Senhor (1Sm 22:6-23). Desviou-se tanto do caminho que, no apogeu da sua loucura, chegou até mesmo a recorrer à feitiçaria (1Sm 28:7-25).

A falta de atitude e a desobediência representam, figuradamente, um altar quebrado em nossa vida. Deus rejeita os altares quebrados permanentemente. Isso é uma atitude que o Senhor não tolera. Não basta se arrepender; é necessário que também haja conserto. Saul arrependeu-se (1Sm 15:24-25), mas não cessou de continuar fazendo o que era desagradável ao Senhor e, por ter mantido essa postura até o fim de sua vida, foi rejeitado. A rejeição definitiva e o juízo de Deus vieram sobre a vida de Eli e de Saul, não porque eles eram pecadores (o que todos nós somos), mas sim, por causa da recusa em consertar o que tinha de ser consertado.

CONSERTANDO O ALTAR

> "Então Elias disse a todo o povo: Chegai-vos a mim. E todo o povo se chegou a ele; Elias restaurou o altar do Senhor, que estava em ruínas." (1Rs 18:30)

> "Produzi, pois, frutos dignos do arrependimento... Não cobreis mais do que o estipulado... A ninguém maltrateis, não deis denúncia falsa, e contentai-vos com o vosso soldo." (Lc 3:8, 13, 14)

Altares quebrados são consertados com atitudes. É preciso ter ação. Essa era a pregação de João Batista. Existiam pecados específicos ligados à profissão daquelas pessoas, dos quais João dá claro testemunho de que tais práticas tinham de ser descontinuadas. Isso é produzir frutos dignos do arrependimento. Da mesma maneira, Elias tomou a iniciativa de consertar o altar do sacrifício, antes de oferecer a oferta. Houve um esforço de movimentação de sua parte.

"Convidou-o um dos fariseus para que fosse jantar com ele. Jesus, entrando na casa do fariseu, tomou lugar à mesa. E eis que uma mulher da cidade, pecadora, sabendo que ele estava à mesa na casa do fariseu, levou um vaso de alabastro com unguento; e, estando por detrás, aos seus pés, chorando, regava-os com suas lágrimas e os enxugava com os próprios cabelos; e beijava-lhe os pés e os ungia com unguento. Ao ver isto, o fariseu que o convidara, disse consigo mesmo: Se este fora profeta, bem saberia quem e qual é a mulher que lhe tocou, porque é pecadora. Dirigiu-se Jesus ao fariseu e lhe disse: Simão, uma coisa tenho a dizer-te. Ele respondeu: dize-a, Mestre. Certo credor tinha dois devedores: um lhe devia quinhentos denários, e o outro cinquenta. Não tendo nenhum dos dois com que pagar, perdoou-lhes a ambos. Qual deles, portanto, o amará mais? Respondeu-lhe Simão: Suponho que aquele a quem mais perdoou. Replicou-lhe: Julgaste bem. E voltando-se para a mulher, disse a Simão: Vês esta

> mulher? Entrei em tua casa e não me deste água para os pés; esta, porém, regou os meus pés com lágrimas e os enxugou com os seus cabelos. Não me deste ósculo; ela, entretanto, desde que entrei não cessa de me beijar os pés. Não me ungiste a cabeça com óleo, mas esta com bálsamo ungiu os meus pés. Por isso te digo: Perdoados lhe são os seus muitos pecados, porque ela muito amou; mas aquele a quem pouco se perdoa, pouco ama." (Lc 7:36-47)

Temos aqui dois altares quebrados. Um deles pertencia à mulher e o outro a Simão. Ambos pecadores necessitados da graça e do perdão de Deus. Entende-se, pela classificação que Simão o dá a ela (mulher pecadora – v.39), que se tratava de uma prostituta. Simão era fariseu, classe de gente que constantemente Jesus acusava, juntamente com os escribas, de hipocrisia e de vários outros pecados (Mt 23:13-36).

Por que a mulher saiu dali justificada? Por que Jesus disse-lhe que os seus muitos pecados foram perdoados? Por causa da atitude que ela tomou diante do Senhor. Reconhecendo a sua condição, humilhou-se aos pés de Jesus, numa demonstração de arrependimento e disposição de abandonar o seu estilo de vida. Essa evidência ganha força a partir do momento em que ela não se dirige a Jesus para pedir nada, mas tão somente para se humilhar e adorá-lo. Atitude de conserto foi o que ela fez. Quanto a Simão, vemo-lo, na verdade, com uma postura de inércia, ou seja, sem atitude alguma, no sentido do arrependimento e de abandono de seus pecados. Por causa disso, o seu altar continuava quebrado, e Jesus não pôde lhe dizer o mesmo que dissera à mulher: "... Perdoados são os teus pecados..." (Lc 7:48).

> "Entrando em Jericó, atravessava Jesus a cidade. Eis que um homem, chamado Zaqueu, maioral dos publicanos, e rico, procurava ver quem era Jesus, mas não podia, por causa da multidão, por ser ele de pequena estatura. Então correndo adiante, subiu a um sicômoro a fim de vê-lo, porque por ali havia de passar. Quando Jesus chegou àquele lugar, olhando para cima, disse-lhe: Zaqueu, desce depressa, pois me convém ficar hoje em tua casa. Ele desceu a toda

> a pressa e o recebeu com alegria. Todos os que viram isto murmuravam, dizendo que ele se hospedara com homem pecador. Entrementes, Zaqueu se levantou e disse ao Senhor: Senhor, resolvo dar aos pobres a metade dos meus bens; e, se nalguma coisa tenho defraudado alguém, restituo quatro vezes mais. Então Jesus lhe disse: Hoje houve salvação nesta casa, pois que também este é filho de Abraão. Porque o filho do homem veio buscar e salvar o perdido." (Lc 19:1-10)

As últimas palavras de Jesus só foram pronunciadas depois que Zaqueu fez a declaração daquilo que intencionava fazer, como passo inicial para pôr fim às suas práticas pecaminosas deliberadas. A atitude de consertar o altar foi que gerou a salvação mencionada pelo Senhor.

Vimos, pois, que tanto no Novo quanto no Antigo Testamento a linguagem é uma só: altares quebrados são consertados com atitudes. Antes de Deus tomar uma atitude em seu lugar, pondo fim a uma situação onde caberia a você agir, Ele trabalha no sentido de nos fazer enxergar que estamos errados e que precisamos promover mudanças.

Trabalha, também, procurando estimular em nós a produção de frutos dignos do Evangelho. Sobre isso é que tratam as duas parábolas a seguir:

A parábola do dono da casa

"Atentai noutra parábola. Havia um homem dono de casa, que plantou uma vinha. Cercou-a de uma sebe, construiu nela um lagar, edificou-lhe uma torre e arrendou-a a uns lavradores. Depois se ausentou do país. Ao tempo da colheita, enviou os seus servos aos lavradores, para receber os frutos que lhe tocavam. E os lavradores, agarrando os servos, espancaram a um, mataram outro, e a outro apedrejaram. Enviou ainda outros servos em maior número; e trataram-nos da mesma sorte. E por último enviou-lhes o seu próprio filho dizendo: A meu filho respeitarão. Mas os lavradores, vendo o filho, disseram entre si: Este é o herdeiro; ora vamos, matemo-lo, e apoderemo-nos da sua herança. E agarrando-o, lançaram-no fora da vinha

> e o mataram. Quando, pois, vier o senhor da vinha, que fará àqueles lavradores? Responderam-lhe: Fará perecer horrivelmente a estes malvados, e arrendará a vinha a outros lavradores que lhe remetam os frutos nos seus devidos tempos. Perguntou-lhes Jesus: Nunca lestes nas Escrituras: A pedra que os construtores rejeitaram, essa veio a ser a principal pedra angular; isto procede do Senhor, e é maravilhoso aos nossos olhos? Portanto vos digo que o reino de Deus vos será tirado e será entregue a um povo que lhe produza os respectivos frutos." (Mt 21:33-43)

Nós somos os lavradores de quem o Senhor virá cobrar os frutos na hora certa. Deus não exige de nós que sejamos "super-homens" da fé, servos que nunca desanimam, que nunca pecam, que não têm medo de nada etc. Mas aquele que age como escarnecedor, brincando com a vinha (Evangelho) do Senhor, tal como esses lavradores, não ficará impune. Essa parábola mostra que Ele não chama ninguém para trabalhar na vinha, sem lhe disponibilizar os recursos necessários para que possa produzir os frutos (v.33). Estão à nossa mão os dons espirituais, as Escrituras Sagradas, as promessas do Senhor, o poder de Deus, a intercessão do Espírito Santo com gemidos inexprimíveis, o sangue de Cristo, a própria igreja como instituição, o coração aberto que o Espírito de Deus move nas pessoas para nos ajudar, e a própria vontade do Senhor em honrar os que o honram e constituir para si uma igreja sem mácula.

A PARÁBOLA DA FIGUEIRA

> "Então Jesus proferiu a seguinte parábola: Certo homem tinha uma figueira plantada na sua vinha e, vindo procurar fruto nela, não achou. Pelo que disse ao viticultor: Há três anos venho procurar fruto nesta figueira, e não acho; pode cortá-la; para que está ela ainda ocupando inutilmente a terra? Ele, porém, respondeu: Senhor, deixa-a ainda este ano, até que eu escave ao redor dela e lhe ponha estrume. Se vier a dar fruto, bem está; se não, mandarás cortá -la." (Lc 13:6-9)

Se, na parábola do dono da casa, o Senhor oferece os recursos para você produzir os frutos, aqui vemos que Ele dá-lhe tempo para que tais frutos possam aparecer. Os lavradores, em Mateus, representam os crentes e a maneira como se relacionam com o Evangelho. Na narrativa do dono da casa, Deus oferece os recursos necessários para se produzir os frutos (v.33). Mas a relação deles com o Evangelho é de escarnecimento e de brincadeira, revestida por certo sentimento de impunidade. A parábola da figueira insere-se entre os versículos 35 e 39 de Mateus 21. Ela representa a longanimidade e a misericórdia do Senhor, dando tempo ao crente para que se conserte. Esse paralelo também existe na parábola de Mateus, com as oportunidades que tiveram para mudarem a sua relação com a vinha e com o dono da vinha, quando os servos e o próprio filho estiveram com os lavradores.

O Senhor é Senhor do tempo. Prazos e épocas, Ele já os tem estabelecidos em suas mãos. Quando Deus prometeu o reino a Davi, ele era só um adolescente. Estima-se que tivesse aproximadamente 14 ou 15 anos (1Sm 17:33 – quando Saul disse isso à Davi, ele já tinha sido ungido rei por Samuel). A Bíblia relata no segundo livro de Samuel 5:4, que Davi assumiu o reino com a idade de 30 anos. Saul teve no mínimo quinze anos para consertar o seu altar. Esse foi o prazo estipulado por Deus para ele.

O altar não ficará quebrado para sempre. Se desprezamos o Senhor, não lhe entregando os frutos, então se cumprirá em nós Mateus 21:43: "... Portanto vos digo que o reino de Deus vos será tirado e será entregue a um povo que lhe produza os respectivos frutos...".

EPÍLOGO

O mistério do reino de Deus, ou, o segredo que descortina este reino espiritual, é o senhorio de Cristo, instalado e sempre em crescimento dentro de nós. O senhorio de Cristo é o direito total Dele sobre nossas vidas, o que inclui o seu domínio completo sobre o nosso querer. O alvo é entender este mistério e se sujeitar a ele. O problema é que só há uma maneira viável para isso: "perdendo". Nesse processo de instalação e crescimento sempre há perdas pessoais. Essas perdas por vezes se traduzem em sonhos abandonados, vontades contidas, ir para onde não queremos, assumir responsabilidades que não desejamos, estarmos afastados das pessoas que amamos e perto das que nos aborrecem, e coisas ainda mais difíceis e duras de se aceitar.

Canaã era chamada de terra que mana leite e mel (Ex 3:8). Essa terra foi prometida e entregue aos israelitas por Deus como herança, contudo, era também uma terra onde habitavam vários povos. A terra foi dada por Deus, mas a posse dela foi alcançada pela guerra. O aprendizado espiritual desse cenário é: "para dar leite e mel é preciso sangrar". Para que Deus extraia de mim alimento espiritual de qualidade, eu preciso sangrar. Este sangrar é o negar a si mesmo.

Ver o reino de Deus é fácil, mas a palavra de ordem é caminhar em direção a ele, para nele entrar. Não caminhamos de qualquer maneira, a Bíblia é o manual que regula essa caminhada. Não se exige de nós a perfeição, mesmo por que nem os anjos são perfeitos (Jó 4:18), mas a irrepreensibilidade. Ser irrepreensível está longe de ser perfeito, antes, é a qualidade de pessoa não passível de repreensão, por ser zelosa da moral, da justiça e do direito, esforçando-se por viver e agir com base na integridade diante de Deus e dos homens.

Quando Deus disse a Abraão: "anda na minha presença e sê perfeito" (Gn 17:1), Ele o estava convidando a ser irrepreensível. Jesus mantém o mesmo padrão de qualidade quando diz: "Portanto, sede vós perfeitos como perfeito é o vosso Pai celeste" (Mt 5:48). Temos exemplos bíblicos de irrepreensibilidade: Noé (Gn 6:9 – aqui chamado de justo e íntegro), Jó (Jó 1:1 – aqui chamado de reto e íntegro), Daniel (Ez 14:14 – aqui arrolado como justo pelo testemunho do próprio Deus, junto com Noé e Jó), Zacarias e Isabel (Lc 1:6 – aqui chamados literalmente de justos e irrepreensíveis). São sobre esses que o Espírito de Deus se compraz.

O apóstolo Paulo nos incentiva a perseguirmos esse caminho (Fp 2:14-15), bem como Pedro (2Pe 3:14). A Bíblia nos dá um padrão, e o modelo perfeito desse padrão é Cristo. Não chegaremos a ser perfeitos, pois se alguém é perfeito, não necessita de Cristo para lhe redimir os pecados. Mas podemos e devemos ser irrepreensíveis.

FONTE: Palatino Linotype
PAPEL: Lux Cream 60g/m²
IMPRESSÃO: Paym